象棋布局轻松学
——相、马、兵类

刘锦祺　编著

辽宁科学技术出版社

沈　阳

图书在版编目（CIP）数据

象棋布局轻松学. 相、马、兵类 / 刘锦祺编著. —沈阳：辽宁科学技术出版社，2023.11
ISBN 978-7-5591-3156-0

Ⅰ.①象… Ⅱ.①刘… Ⅲ.①中国象棋－布局（棋类运动） Ⅳ.①G891.2

中国国家版本馆CIP数据核字（2023）第153748号

出版发行：辽宁科学技术出版社
　　　　　（地址：沈阳市和平区十一纬路25号　邮编：110003）
印 刷 者：辽宁新华印务有限公司
经 销 者：各地新华书店
幅面尺寸：170mm×240mm
印　　张：15
字　　数：350千字
印　　数：1～3000
出版时间：2023年11月第1版
印刷时间：2023年11月第1次印刷
责任编辑：于天文
封面设计：潘国文
责任校对：徐　跃

书　　号：ISBN 978-7-5591-3156-0
定　　价：48.00元

联系电话：024-23284740
邮购热线：024-23284502
E-mail:mozi4888@126.com
http://www.lnkj.com.cn

前　言

象棋全盘战术的整体是由布局、中局和残局三部分组成。布局作为象棋全局的开始阶段，占有尤为重要的位置。

近年来，讲解布局的棋书和视频有很多，有的是综合性讲解，有的是分类讲解，但是无论哪种讲解，对于初、中级爱好者来说学习起来的难度都很大，实战应用的效果都有欠缺。究其原因是，学习内容广而不精。

如何克服这个学习上的弱点，仁者见仁，智者见智。以笔者多年教学经验认为，只要把握好四步，就可以在布局上面小有成就。

一是能记住定式；二是掌握布局定式的要点；三是能够在实战中运用类比的方法，迅速找到实战布局与定式布局的区别，并拟定计划；四是对于所学的布局能够在三四个关键节点熟练处理。

本书就是按以上的思路来编写的，每章作为一个布局大类，每节作为布局下面的分支，第几局是分支下的主要变例。这样编写的好处在于，有助于初、中级爱好者迅速地掌握布局脉络，就是专业棋手讲的"布局树"。

每局分为6个板块："记一记"是必背的布局定式，以及布局定式的基本图。记住布局基本图有助于棋手迅速做出局面对比，而不再一步一步把这个局面摆出来，这是棋手成长必备的基本功之一。"讲一讲"是对布局要点的讲解，本书的讲解范围是着重一个常见的布局主变进行讲解。"练一练"以图的形式对布局讲解的内容进行提点和回忆，当你仅看图就能回忆起布局讲解内容，相信你的布局功力已有所提升。当然，随着你布局水平的提高，借助的图也会越来越少。本书考虑到初、中级爱好者的计算和记忆水平，统一采用四图制。"想一想"是对上述三个环节的深化，培养读者针对不同的典型布局找区别找要点的能力，有助于读者在实战中快速分析，快速对比，快速拟定计划。"打打谱"这一部分依据布局定式选择一些实战对局的棋谱，虽然有些实战分出胜负，但是失利的一方在布局阶段并不一定是不可取的。选谱过程中，我也有意选择一些与前面讲解的布局定式有一些小的出入的棋谱，主要是帮助读者开阔眼界，加深对布局的认识。最后一个板块是"试一试"，这部分内容主要是把布局中常见的典型局面以问答和分析的形式呈现出来，帮助读者加深对布局的理解，提升实战能力。

本书的内容虽然不多，但是读者可以通过学习本书，达到举一反三的目的，在训练中培养创造能力自学能力。这也是作者编写本书的初衷。

全书分两册，上册《象棋布局轻松学——炮类》重点介绍顺炮直车对横车、顺炮直车对缓开车、顺炮横车对直车、中炮过河车对屏风马平炮兑车、中炮过河车对屏风马左马盘河以及五九炮过河车对屏风马平兑车等六类布局体系。下册《象棋布局轻松学——相、马、兵类》重点介绍五七炮对屏风马布局、五六炮对屏风马布局、五六炮对反宫马布局、五七炮对反宫马布局、飞相对中炮、飞相对士角炮、飞相对过宫炮及进兵局等。

最后，给广大的初、中级爱好者在学习布局方面一些建议，希望能够对大家有所帮助。

一、布局套路不是死记硬背的，在掌握最基本的定式基础上要学习布局的原理，掌握阵形、子力协调的要点。

二、学习布局重点学习那些先手和后手都可以下的，不要选择先手立场和后手立场都十分明确的。先手立场和后手立场明确、结论肯定的布局，对于初、中级爱好者来说，了解即可，实战中应尽量避开这个布局轨道。

三、布局学得再好，也要勤于实战。把布局理论与实战经验相结合，才能提升自己的实力。重理论轻实战的"书房棋"是经不住考验的，同样，重实战轻理论的"野棋"同样提高得不快。两者务必相结合，才能迅速提高布局实力。

最后，希望读者看完本书后能对布局有新的认识，并且能够建成具有自己风格的布局武器库，这正是我所愿。

刘锦祺
2021年9月于锦州

目　录

第7章　五七炮对屏风马布局

第1节　五七炮对屏风马互进三兵（卒）型

第1局　黑大出车式

记一记

定式基础：

1. 炮二平五　　马8进7

2. 马二进三　　车9平8

3. 车一平二　　马2进3

4. 兵三进一　　卒3进1

5. 马八进九　　卒1进1

6. 炮八平七　　马3进2

7. 车九进一　　卒1进1

8. 兵九进一　　车1进5

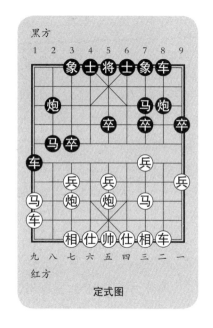

黑方

定式图

红方

讲一讲

1. 炮二平五　　马8进7

2. 马二进三　　车9平8

3. 车一平二　　马2进3　　　4. 兵三进一　　卒3进1

5. 马八进九　　卒1进1　　　6. 炮八平七　　……

至此，形成五七炮进三兵对屏风马的基本阵势。红方的布局意图是，待黑外马封车后，削弱其中防力量，再提左横车协调作战，对黑方施加压力。

6. ……　　　　马3进2

外马封车必然，否则被红方抢到车九平八这着棋，黑方阵形将失去协调性。试演一例：车1平2，车九平八，炮2进4，车二进六，由于黑右炮封车，7路马失去保护，以后黑方续走炮8平9，则车二进三，马7退8，此时红方又多了

一步兵七进一的先手，黑方不利。

7. 车九进一 ……

高左横车，稳健之着，欲使两翼兵力均衡发展。

7. …… 卒 1 进 1

黑方兑卒亮车，俗称"大出车"是较直线型的着法。

8. 兵九进一 车 1 进 5

9. 车二进四 ……

升车保兵，是选择稳扎稳打的走法。

9. …… 象 7 进 5

飞左象巩固中防。另一种走法是车 1 平 4，车九平四，象 7 进 5，车四进三，车 4 进 1，仕六进五，炮 8 进 2，车四平九，士 6 进 5，双方对峙。

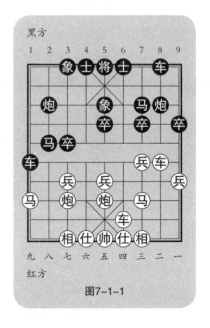

图7-1-1

10. 车九平四 ……（图7-1-1）

红棋车九平四目前认为是比较好的走法，过去红棋走车九平六，黑炮 2 平 1，车六进七，士 6 进 5，车六平八，炮 8 进 2，兵三进一，车 1 平 8，马三进二，卒 7 进 1，车八退三，卒 7 进 1，车八退一，卒 7 平 8，车八平二，炮 8 平 5，局势平稳，大体和势。

10. …… 士 6 进 5

黑补士稳固中防，只可补左士。若士 4 进 5，则车四进三，车 1 进 1（车 1 平 6 兑车，则花士象不利防守），兵七进一，炮 2 平 3，兵七进一，炮 3 进 5，马三退五，红先予后取，占优。

以下红方有两种选择：车四进三、炮七退一。

第 1 种　车四进三

11. 车四进三 ……

红巡河兑车，使局势趋向平稳。

11. …… 车 1 平 6　　12. 马三进四　车 8 平 6

捉马摆脱红车牵制，正着。

13. 马四进五　马 7 进 5

直接兑换，着法简明。如果欲挑起复杂变化可以选择车 6 进 3，以下车二进三，马7进5，车二进二，士5退6，炮五进四，车6平5，车二退六，红方多一中兵略占优势。

14. 炮五进四　车6进6　　15. 兵五进一　……

挺兵，保持变化。如改走炮七平二，车6平5，相三进五，车5退3，炮二进五，炮2平8，车二进三，立即成和。

15. ……　　　　马2退3

16. 炮五退一　……（图7-1-2）

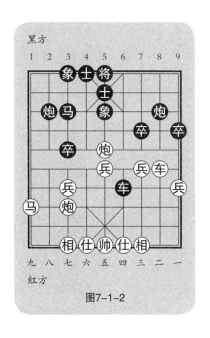

图7-1-2

如改走炮七平五，马3进5，炮五进四，车6退3，兵五进一，将5平6，仕六进五，炮2进2，双方大体均势。

16. ……　　　　车6退1

17. 车二进三　车6平5

18. 炮七平五　车5退1

双方大体均势。

第2种　炮七退一

11. 炮七退一　……

红不待黑方走马2进1便事先退炮，以后可利用下二路通道相机运炮，肋车未必过河，这是一路锋芒内敛的走法。

11. ……　　　　炮8平9

黑如改走车1平4，则红车四进三，车4进3，仕四进五，炮8进2，炮五平四，红方仍持先手。

12. 车二进五　马7退8

13. 马三进四　……

红方跃马，窥视中卒，着法积极。

13. ……　　　　马2退3

防止红方马四进六，稳健。

14. 车四进一　……（图7-1-3）

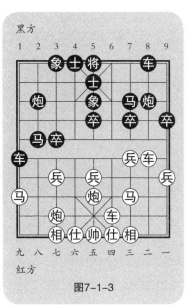

图7-1-3

红升车仕角一着多用，避黑2路炮先手击车骚扰，暗保边马，冲渡七兵，可谓意味深长。

早些时候红方的着法为兵七进一，以下车 1 平 3，马四进三，炮 9 平 7，车四进三，马 3 进 4，车四平七，卒 3 进 1，炮五进四，将 5 平 6，黑接着有马 8 进 9 等手段，红不乐观。

14. ……　　　　炮 2 进 6

黑除进炮威胁红边马没有好棋可走。

15. 马四进五　马 3 进 4　　16. 车四进三　车 1 进 2

黑若马 4 进 5 逃避，以下车四退二，车 1 进 2（马 5 退 4，马五退七，红大优），车四平五，车 1 平 3，炮七平一，红方主动。

17. 车四平六　车 1 平 3　　18. 炮七平一　车 3 进 2

双方对攻。

练一练

根据参考图提示，写出布局演变的过程及主要变着。

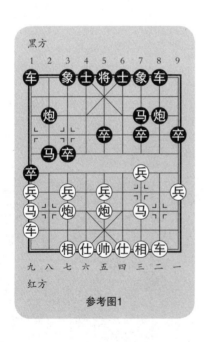

参考图1

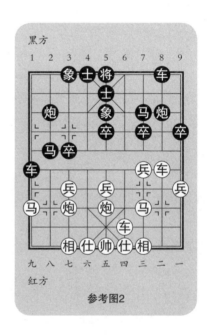

参考图2

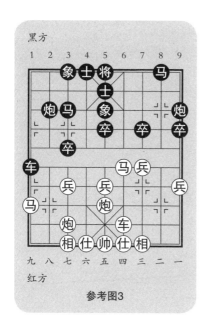

参考图3

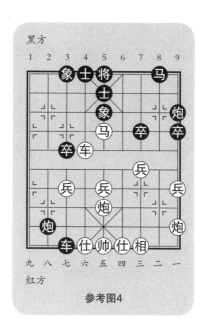

参考图4

想一想

根据基本图和对比图两图之中子力位置的不同之处，分析并写出产生棋形差异的原因。[布局提示：双方以五七炮对屏风马互进3兵（卒），黑大出车变例布局，第14回合的结果图]

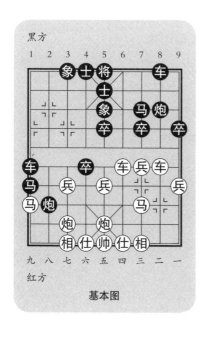

基本图

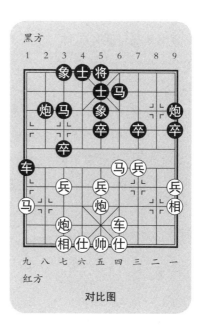

对比图

基本图的布局演变过程：

1. 炮二平五	马 8 进 7	2. 马二进三	车 9 平 8
3. 车一平二	马 2 进 3	4. 兵三进一	卒 3 进 1
5. 马八进九	卒 1 进 1	6. 炮八平七	马 3 进 2
7. 车九进一	卒 1 进 1	8. 兵九进一	车 1 平 5
9. 车二进四	象 7 进 5	10. 车九平四	士 6 进 5
11. 车四进五	马 2 进 1	12. 炮七退一	炮 2 进 5
13. 车四退二	卒 3 进 1	14. 炮五退一	卒 3 平 4

产生差异的原因：

对比图第 11 回合时，红方没有走车四进五，而是选择马三进四，经过以下几个回合演变形成对比图结果。

11. 马三进四	炮 8 平 9	12. 车二进五	马 7 退 8
13. 炮七退一	马 2 退 3	14. 相三进一	马 8 进 6

打打谱

请同学们把下面两则实战对局的棋谱用棋盘摆出来，在打谱的过程中找一找与定式里讲的棋谱有哪些不同，不同之处在棋谱上标记出来。（注："！"表示好棋，"？"表示疑问手）

第 1 局　黑龙江 陶汉明　和　上海 谢靖

2019 年第 8 届"碧桂园杯"全国象棋冠军邀请赛

1. 炮二平五	马 8 进 7	2. 马二进三	卒 3 进 1
3. 车一平二	车 9 平 8	4. 兵三进一	马 2 进 3
5. 马八进九	卒 1 进 1	6. 炮八平七	马 3 进 2
7. 车九进一	卒 1 进 1	8. 兵九进一	车 1 平 5
9. 车二进四	车 1 平 4	10. 车九平四	象 7 进 5
11. 车四进三	车 4 进 1	12. 仕六进五	炮 8 进 2
13. 车四平九	士 6 进 5	14. 车九进二	马 2 进 3

大体均势。

第2局　江苏 孙逸阳　胜　黑龙江 赵国荣

2013年全国象棋个人赛

1. 炮二平五	马8进7	2. 马二进三	车9平8
3. 车一平二	马2进3	4. 兵三进一	卒3进1
5. 马八进九	卒1进1	6. 车九进一	卒1进1
7. 兵九进一	车1进5	8. 炮八平七	马3进2
9. 车二进四	象7进5	10. 车九平四	士6进5
11. 炮七退一	车1平4	12. 车四进三	车4进3
13. 仕四进五	炮8进2	14. 炮五平四	炮8平5

大体均势。

试一试

第1题　下图轮到红方行棋，红方最佳应法是什么?

红方先行

1. 车四进二　……

高车兵线，攻守两利。

1. ……　　　　车1平4

2. 相三进一　……

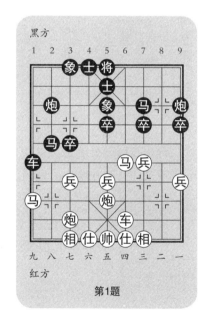

第1题

飞相好棋，既使黑方强行炮9进4，也无法沉底。

2. ……　　　　炮2平1

3. 炮七平三　卒3进1

4. 马四进三　……

不能兵七进一，否则车4平3，马四进三，马2进4，兵五进一，炮9平8，车四平七，马4进5，相七进五，车3平5，黑方反先。

4. ……　　　　炮9平8

5. 马三退二　马7退6　　6. 车四进二　马2进1

如马2退3，则炮三平七，马6进7，马二进三，红方稍好。

7. 炮五进四

红方主动。

第2题　下图局面中轮到黑方行棋，黑方最佳应法是什么?

黑方先行

1. ……　　　　炮8退2

2. 炮五平三　……

拆中炮保马细腻。如改车二进四，则炮8平7，车二平三，车6进2，炮七平六，炮2平4，炮五平二，炮7平9，车三平二，车6进4，红方右翼的车、马、炮没好的落点，无法展开攻势，黑方子力灵活，蓄势待发，黑优。

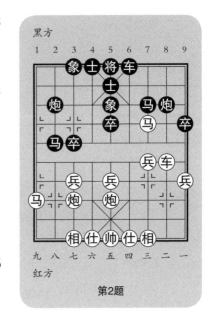

第2题

2. ……　　　　炮8平7

3. 相三进五　炮7进3

交换简明，不与红方进行过多的纠缠。

4. 炮三进四　车6进6

5. 车二进二　……

进车随时简化局面；如兵三进一，则车6平5，炮三平四，马2进3，马九进七，车5平3，兵三进一，车3进1，兵三进一，炮2平7，黑方多卒，略优。

5. ……　　　　车6平5　　6. 炮三平一　马2进3

先在右翼进行子力交换正确，如马7进9，车三平一，红方三路兵和一路兵位置不错，给红方缠斗的机会。

7. 马九进七　车5平3　　8. 炮七平八　车3平9

黑方稍好。

第2局　黑飞右象式

记一记

定式基础：

1. 炮二平五　　马8进7

2. 马二进三　　车9平8

3. 车一平二　　马2进3

4. 兵三进一　　卒3进1

5. 马八进九　　卒1进1

6. 炮八平七　　马3进2

7. 车九进一　　象3进5

8. 车九平六　　车1进3

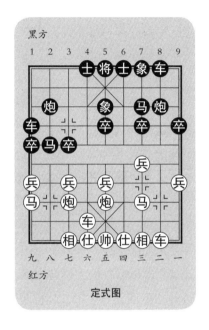

定式图

讲一讲

1. 炮二平五　　马8进7

2. 马二进三　　车9平8

3. 车一平二　　马2进3

4. 兵三进一　　卒3进1

5. 马八进九　　卒1进1

6. 炮八平七　　马3进2

7. 车九进一　　象3进5

黑方先起右象待变，窥测红横车之定向，再决定右翼出子趋向。

8. 车九平六　　车1进3（图7-1-4）

黑方车1进3扼守卒林这路变化前前后后经过几次反复、实践、研究、再实践、再认识的过程，棋手们目前一致认为它较卒1进1直接兑卒更含蓄，更富有反弹力。以下红方有车二进六和马三进四两种攻法。

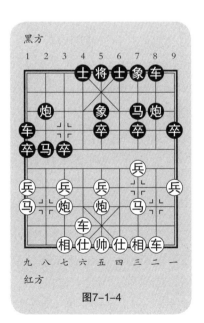

图7-1-4

第1种着法　车二进六

9. 车二进六　……

过河车起进攻与封锁之用。

9. ……　　　炮8平9

平炮兑车透松左翼，是进一步改进的应法，着法比较稳健。

10. 车二进三　……（图7-1-5）

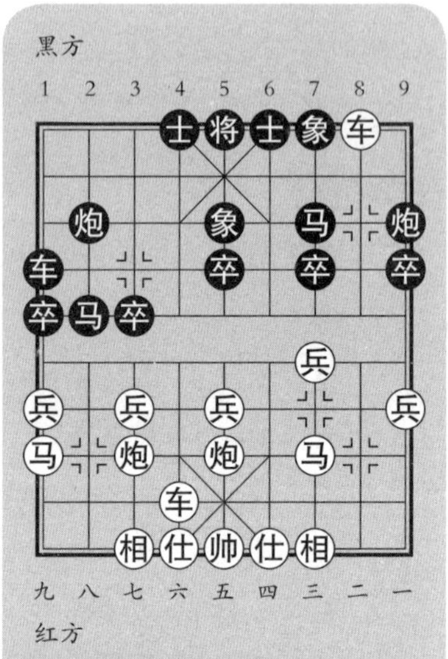

红方兑车，是步平稳的走法。实战中，是多数棋手的选择。如改走车二平三避兑，则易引起激烈的争斗，以下士4进5，马三进四，车8进5，相三进一，炮9进4，炮七退一，炮9平7，车三平四，车8平9，黑方主动。

图7-1-5

10. ……　　　马7退8

11. 兵五进一　……

兑车以后，红方挺起中兵，准备车六进二扼守兵行线，保持子力均衡发展。如马三进四，马8进7，马四进三，士6进5，马三进一，象7进9，红吃黑卒并无多大先手。

11. ……　　　士4进5　　12. 车六进二　马2进1

马踏边兵，意图以后将子力从侧翼向中路集结。

13. 炮七退一　马1退2

退马为卒1进1边路进攻预留线路。如改走炮9平7，则马三进四，炮7进3，马四进五，马8进7，兵五进一，红方主动。

14. 马三进四　……

保持对黑方中路的压力，正确。

14. ……　　　卒1进1　　15. 炮七平三　……

意图配合四路马制造突破的机会。如炮七平五，则炮2平3，马四进三，炮9平7，相三进一，卒3进1，车六进二，车1平2，黑优。

15. ……　　　卒1进1　　16. 马九退七　车1进2

牵制红方中兵，好棋。

17. 炮五进四　马8进7　　18. 炮五平四　炮2平3

双方对峙。

第2种着法　马三进四

9. 马三进四　……

以往的布局理论认为,红方右马疾进,战术失据,致使己方"布置线"露出空隙,给黑方可乘之机。但是近年实战中红方又老谱翻新对这路变化进行探索,证明同样是红方可行的选择之一。

9. ……　　马2进1

马踏边兵,旁敲侧击,着法有力!

10. 车二进六　……(图7-1-6)

红方唯一的攻击手段。如改走车六平八(如炮七平八,则卒3进1!黑主动),则马1进3,车八进六,马3退5,马九进八,车1平4,黑方多卒占优。

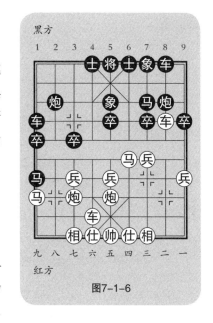

图7-1-6

10. ……　　马1进3

11. 马九进八　车1平2

12. 马八退七　……

红方先弃后取,稳定局面。

12. ……　　炮8平9　　13. 车二平三　……

牵制黑方2路炮,如果车二进三兑车,黑方子力不受牵绊,红方不利。

13. ……　　炮9退1　　14. 马四进五　……

进马交换,避免复杂变化,稳健。

14. ……　　马7进5　　15. 炮五进四　炮9平5

16. 炮五平七

红方先手。

练一练

根据参考图提示，写出布局演变的过程及主要变着。

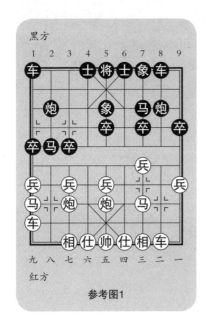

参考图1

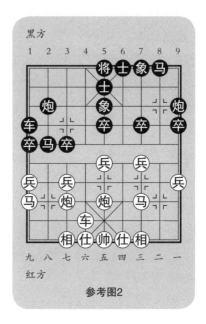

参考图2

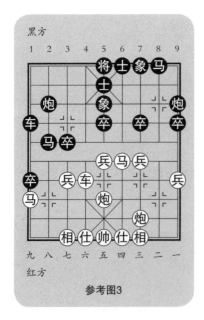

参考图3

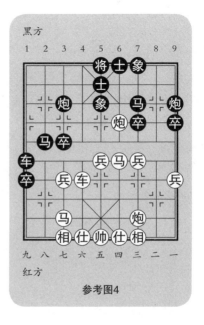

参考图4

想一想

根据基本图和对比图两图之中子力位置的不同之处，分析并写出产生棋形差异的原因。[布局提示：双方以五七炮对屏风马互进三兵（卒），黑飞右象变例布局，第12回合的结果图]

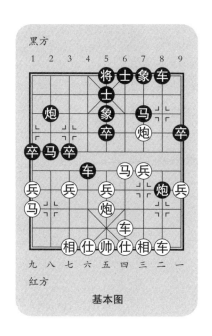

基本图

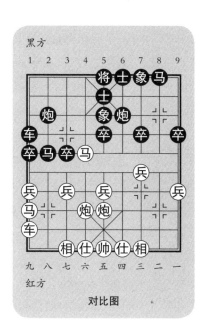

对比图

基本图的布局演变过程：

1. 炮二平五	马8进7	2. 马二进三	车9平8
3. 车一平二	马2进3	4. 兵三进一	卒3进1
5. 马八进九	卒1进1	6. 炮八平七	马3进2
7. 车九进一	象3进5	8. 马三进四	车1进3
9. 炮五平三	车1平4	10. 炮七平五	士4进5
11. 车九平四	炮8进4	12. 炮三进四	车4进2

产生差异的原因：

对比图第9回合时，红方没有走炮五平三，而是选择车二进六，经过以下几个回合演变形成对比图结果。

9. 车二进六	士4进5	10. 马四进六	炮8平9
11. 车二进三	马7退8	12. 炮七平六	炮9平6

打打谱

请同学们把下面两则实战对局的棋谱用棋盘摆出来，在打谱的过程中找一找与定式里讲的棋谱有哪些不同，不同之处在棋谱上标记出来。（注："！"表示好棋，"？"表示疑问手）

第1局　上海 孙勇征　和　北京 靳玉砚
2021年第十四届全运会群众比赛象棋决赛

1. 炮二平五	马8进7	2. 马二进三	车9平8
3. 车一平二	马2进3	4. 兵三进一	卒3进1
5. 马八进九	卒1进1	6. 炮八平七	马3进2
7. 车九进一	象3进5	8. 车九平六	车1进3
9. 马三进四	马2进1	10. 车二进六	马1进3
11. 马九进八	车1平2	12. 马八退七	士6进5
13. 马四进六	车2平4	14. 兵七进一！	卒3进1
15. 马七进九	炮8平9	16. 车二平三	车8进4

大体均势。

第2局　广东 许国义　和　四川 孟辰
2021年第十四届全运会群众比赛象棋决赛

1. 炮二平五	马8进7	2. 马二进三	车9平8
3. 车一平二	马2进3	4. 兵三进一	卒3进1
5. 马八进九	卒1进1	6. 炮八平七	马3进2
7. 车九进一	象3进5	8. 车九平六	车1进3
9. 车二进六	炮8平9	10. 车二进三	马7退8
11. 炮七退一	士4进5	12. 车六进二	马2进1
13. 兵五进一	炮9平7？	14. 马三进四	炮7进3
15. 马四进三	马8进7	16. 相三进一	炮7退1！

大体均势。

试一试

第1题 下图轮到红方行棋，红方最佳应法是什么？

红方先行

1. 炮五进四 ……

炮打中卒，力控中路的同时，给七路马转移留出位置。

1. …… 卒2平3

如改走车1进2，则马七进五，车1平5，兵七进一！马8进7，炮三平五，车5平3，前炮平七，车3平1，马四进三，红方子力活跃，占得优势。

2. 车六进一 ……

守住巡河车，兼顾中兵。

2. …… 马2退3

3. 炮五退一 炮9平7 4. 马七进五 ……

红马顺势而上，形势大为改观。

4. …… 前卒进1 5. 炮三进一 炮2退2

诱敌深入的走法，准备后卒进1，车六平七，炮2平3，冲开红方巡河车的防御。如改走炮7进3，则相三进一，炮7退1，炮三平七，红优。

6. 相三进一 ……

如改走炮三平七，则卒3进1，车六退一，炮2进5，黑方反先。

6. …… 前卒进1

7. 马五退七 卒3进1

8. 车六进四

双方对峙。

第2题 下图局面中轮到黑方行棋，黑方最佳应法是什么？

黑方先行

1. …… 卒1进1

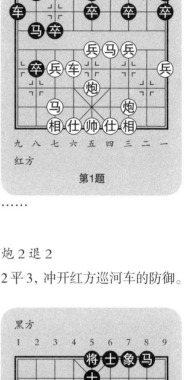

第1题

第2题

2. 炮七平二　　马8进7　　　3. 马二进三　　卒1进1

4. 马九退七　　卒1平2　　　5. 马三进一　　……

交换简明，是当前局面下最好的选择。如改走兵五进一，则卒2平3，车六平五，前卒进1，红马被捉死，黑优。

5. ……　　　　象7进9　　　6. 兵五进一　　……

黑方的连环象被拆开，红方再进中兵，次序正确。

6. ……　　　　象9退7

如仍走卒2平3，则车六进五，前卒进1，车六平八，炮2平4，车八进一，炮4退2，马七进九，马2进1，车八退六，由于黑方中路还欠象9退7的防守，红方获得优势。

7. 车六平五　　马2进3

如卒5进1，红方有炮五进三的脱身手段。

8. 兵五进一　　马3进5　　　9. 相三进五　　马7进5

双方大体均势。

第3局　黑飞左象式

记一记

定式基础：

1. 炮二平五　　马8进7

2. 马二进三　　车9平8

3. 兵三进一　　马2进3

4. 车一平二　　卒3进1

5. 马八进九　　卒1进1

6. 炮八平七　　马3进2

7. 车九进一　　象7进5

8. 马三进四　　卒1进1

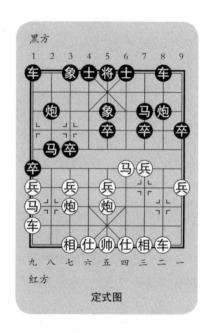

定式图

讲一讲

1. 炮二平五　　马8进7

2. 马二进三　　车9平8

3. 兵三进一　马 2 进 3　　4. 车一平二　卒 3 进 1

5. 马八进九　卒 1 进 1　　6. 炮八平七　马 3 进 2

7. 车九进一　象 7 进 5

黑方飞左象，在巩固棋形的同时，右车伺机而动，是一种讲究策略的下法。

8. 马三进四　……（图7-1-7）

红进河口马威胁中路，伏马四进六再奔卧槽的手段，属急攻走法。如改走车二进四，车 1 进 1，车九平六，车 1 平 6，车六进五，马 2 进 1，炮七平六，士 6 进 5，仕六进五，车 6 进 3，炮五进四，马 7 进 5，车六平五，车 8 平 7，均势。

8. ……　　卒 1 进 1

冲卒亮车，加强反击，正当其时。

9. 兵九进一　车 1 进 5

10. 马四进五　……

红方马踏中卒，是比较简明实惠的走法。如改走车九平四，黑则士 6 进 5，马四进六，炮 8 进 1，变化相对激烈复杂，红方不易把握局势。

10. ……　　马 7 进 5

11. 炮五进四　士 6 进 5

既防红车六进六捉炮，又亮出左车增强反击力。

12. 车九平六　……（图7-1-8）

迅速出车，抢占要道。红方也可相三进五，车 1 退 2，炮五退一，马 2 进 1，炮七退一，车 1 平 2，炮七平一，车 8 平 6，车九平六，车 6 进 6，兵五进一，车 2 平 6，均势。

12. ……　　车 8 平 6

黑方平车肋道，防红车六进六的凶着，可谓此时的必走之着。

13. 相三进五　车 1 平 6

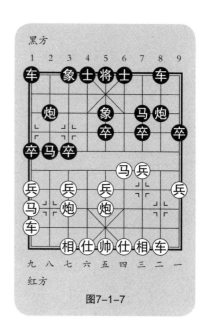

图7-1-7

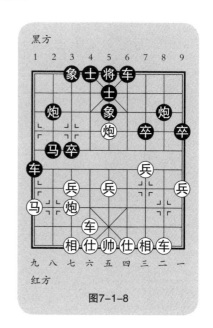

图7-1-8

14. 仕四进五　后车进3　　15. 炮五退一　马2进1

16. 炮七进三　后车平5

保持互缠的选择。如将5平6，炮七进三，后车平5，车六平八，车5进1，车八进六，车6退3，车八退四，马1退2，兵五进一，车5平6，兵七进一，红多兵优。

17. 炮五退一　象5进3　　18. 车二进七　炮2平5

双方互缠。

练一练

根据参考图提示，写出布局演变的过程及主要变着。

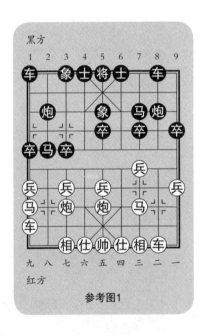

参考图1

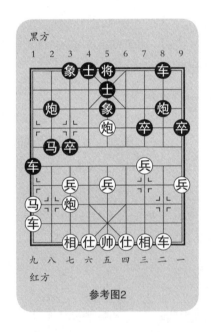

参考图2

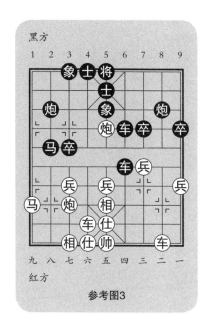

参考图3

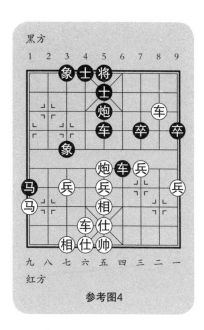

参考图4

想一想

根据基本图和对比图两图之中子力位置的不同之处，分析并写出产生棋形差异的原因。[布局提示：双方以五七炮对屏风马互进三兵（卒），黑飞左象变例布局，第10回合的结果图]

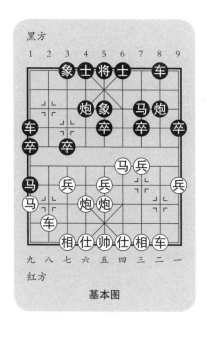

基本图

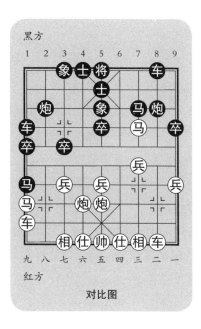

对比图

基本图的布局演变过程：

1. 炮二平五	马8进7	2. 马二进三	车9平8
3. 车一平二	马2进3	4. 兵三进一	卒3进1
5. 马八进九	象7进5	6. 炮八平七	马3进2
7. 马三进四	卒1进1	8. 车九进一	马2进1
9. 炮七平六	车1进3	10. 车九平八	炮2平4

产生差异的原因：

对比图第8回合时，黑方没有走马2进1，而是选择士6进5，经过以下几个回合演变形成对比图结果。

8. ……	士6进5	9. 马四进三	马2进1
10. 炮七平六	车1进3		

打打谱

请同学们把下面两则实战对局的棋谱用棋盘摆出来，在打谱的过程中找一找与定式里讲的棋谱有哪些不同，不同之处在棋谱上标记出来。（注："！"表示好棋，"？"表示疑问手）

第1局　上海 谢靖　和　广东 吕钦

2014年第4届"温岭石夫人杯"全国象棋国手赛

1. 炮二平五	马8进7	2. 马二进三	卒3进1
3. 兵三进一	马2进3	4. 车一平二	车9平8
5. 马八进九	象7进5	6. 炮八平七	马3进2
7. 马三进四	卒1进1	8. 车九进一	卒1进1
9. 兵九进一	车1进5	10. 马四进五	马7进5
11. 炮五进四	士6进5	12. 兵七进一	车1平3
13. 炮七退一	车3进2	14. 车二进二！	炮2平3
15. 相三进五	车8平6	16. 炮五平七	车3平2

红方易走。

第2局　中国 蒋川　胜　中国 吕钦

2012年第4届"淮阴·韩信杯"象棋国际名人赛

1. 炮二平五	马8进7	2. 兵三进一	卒3进1
3. 马二进三	车9平8	4. 车一平二	马2进3

5. 马八进九	卒 1 进 1	6. 车九进一	象 7 进 5
7. 炮八平七	马 3 进 2	8. 马三进四	卒 1 进 1
9. 兵九进一	车 1 进 5	10. 马四进五	马 7 进 5
11. 炮五进四	士 6 进 5	12. 车九平六	车 8 平 6
13. 相三进五	车 6 进 6	14. 兵七进一	车 6 平 5 ？
15. 车六进五	马 2 进 1	16. 炮七进一	象 3 进 1

红方略优。

试一试

第 1 题　下图轮到红方行棋，红方最佳应法是什么？

红方先行

1. 炮七平六　……

由于红方九路车尚未定位，现在走炮七退一，红方车、炮的位置都要调整，红方布局节奏就缓下来，所以直接平炮仕角是稳健的选择。

1. ……　　　车 1 进 3

2. 车九平八　……

不给黑车通头的机会。

2. ……　　　炮 2 平 4

3. 车二进六　……

右车过河积极主动。

3. ……　　　士 6 进 5

4. 马四进三　……

如车八进二，则卒 1 进 1，马九退七，炮 8 平 9，车二进三，马 7 退 8，炮六平九，车 1 平 4，红方虽然吊住黑方 1 路卒，但给黑棋车 1 平 4 亮车的机会，虽是各有所得，黑棋却要更满意一些。

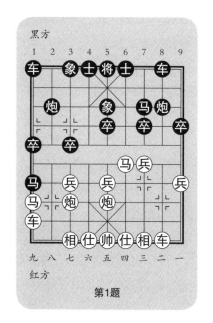

第 1 题

4. ……　　　卒 1 进 1	5. 炮五平一　卒 5 进 1
6. 车八平四　车 1 平 5	7. 车四进四

红方满意。

第 2 题　下图局面中轮到黑方行棋，黑方最佳应法是什么?

黑方先行

1. ……　　　　车 1 平 2

把 1 路车走到通路，徐图进取。

2. 兵三进一　……

弃三兵准备解决七路炮位置不佳的弱点。

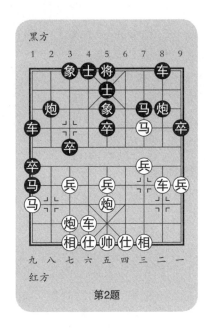

第2题

2. ……　　　　象 5 进 7

3. 炮七进四　车 2 平 3

4. 车六进四　……

意图保持对黑车的封锁，但不如炮七平九更灵活。

4. ……　　　　象 7 退 5

如改走象 3 进 5，则炮七平三，象 5 进 7，车六平三，车 3 退 1，兵五进一，红方弃子谋势，局势复杂。

5. 炮七平九　车 3 平 1

再跟红方，让红方抉择。

6. 车二进一　……

如改走马三进一，则车 8 进 1，炮五平二，马 7 退 6，黑方满意。

6. ……　　　　卒 5 进 1

弃中卒是黑方谋势的关键。

7. 马三退五　炮 2 平 3

上一回合，黑方如先走炮 2 平 3，则仕六进五，炮 3 进 7，红方有马三进一的手段，以下车 8 进 1，炮五平二，黑方不能放手反击。所以先弃中卒引离红方三路马，再炮 2 平 3 次序正确。

8. 仕六进五　卒 1 平 2

黑方略优。

第4局　黑马踏边兵式

记一记

定式基础：

1. 炮二平五　　马8进7

2. 马二进三　　车9平8

3. 车一平二　　马2进3

4. 兵三进一　　卒3进1

5. 马八进九　　卒1进1

6. 炮八平七　　马3进2

7. 车九进一　　马2进1

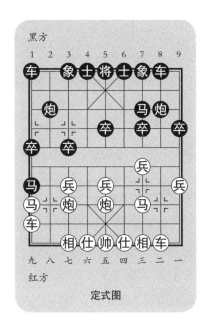

定式图

讲一讲

1. 炮二平五　　马8进7

2. 马二进三　　马2进3

3. 车一平二　　车9平8

4. 兵三进一　　卒3进1

5. 马八进九　　卒1进1

6. 炮八平七　　马3进2

7. 车九进一　　马2进1

马踩边兵，意在打乱红方的子力部署，以下红方有炮七进三和炮七退一两种走法。

第1种着法　炮七进三

8. 炮七进三　　……

红方炮击三卒先得实惠。

8. ……　　　　车1进3

车1进3则限制了红方七路炮的腾挪余地。如象3进5，则炮七进一，顺势再取黑方7卒，红方满意。

9. 车九平六　　……（图7-1-9）

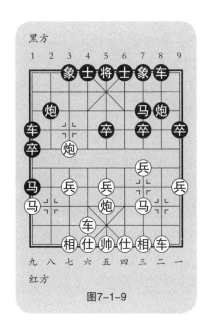

图7-1-9

红方车九平八出直车，虽然能牵制黑炮，但被黑车先占肋线，红方不满意。红车占肋的构思旨在以马三进四跃出后与肋车相互配合，以组织向中路的进攻。

9. ……　　　车 1 平 3

平车顶炮是黑方车 1 进 3 的后续手段。

10. 炮七平四　　……

以后可炮四退三左右策应。

10. ……　　　车 3 进 1

11. 炮四退三　车 3 平 6

再抢一着先手，并且控制红方马三进四的路线。

12. 仕六进五　马 1 退 2

13. 兵三进一　……

弃兵好棋，红方打开局面的关键。如车二进六，则象 7 进 5，车六进六，炮 2 进 1，车六平八，炮 2 平 4，车二退二，士 6 进 5，黑方阵形厚实，极有反弹力。

13. ……　　　车 6 平 7

如改卒 7 进 1，则车二进四，象 7 进 5，马三进四，车 6 平 3，车六进七，红方稍好。

14. 马三进四　象 3 进 5（图7-1-10）

如改走士 6 进 5，其结果与主变亦是相近。以下车二进五，象 3 进 5，车六进四，车 7 平 8，马四进二，卒 7 进 1，车六平八，马 7 进 8，大体均势。

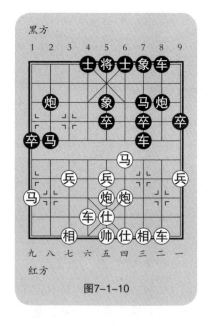

图7-1-10

15. 车二进五　车 7 平 8

16. 马四进二　卒 7 进 1

17. 车六进四　……

进车好棋，简化局面。

17. ……　　　士 6 进 5　　18. 车六平八　马 7 进 8

双方大体均势。

第2种着法　炮七退一

8. 炮七退一　……

退炮别致，保留复杂变化的选择。

8. ……　　　车 1 进 3

高车仍是黑方较为理想的选择。

9. 车九平八　卒 1 进 1（图7-1-11）

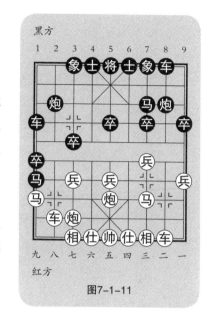

先进边卒保马，稳健。如车 1 平 4，则车
二进五，车 4 进 2，兵五进一，炮 2 平 5，车
八进二，卒 1 进 1，兵七进一，车 4 平 5，兵
七进一，红方略优。

10. 车二进五　……

如车二进六，则炮 2 平 4，车二平三，象
7 进 5，兵三进一，炮 8 退 1，车三平四，士 6
进 5，马三进四，炮 8 平 7，黑方易走。

10. ……　　　炮 2 平 4

11. 车二平七　象 7 进 5

12. 车七平六　士 6 进 5

13. 车八进二　……

挤住黑方边马，保持对局面的控制力。

13. ……　　　炮 8 进 2　　　14. 仕六进五　卒 7 进 1

15. 车六退一　马 7 进 6　　　16. 车六平四　车 1 进 1

双方互缠。

图7-1-11

练一练

根据参考图提示，写出布局演变的过程及主要变着。

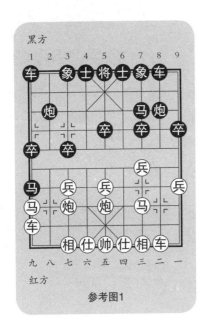

参考图1

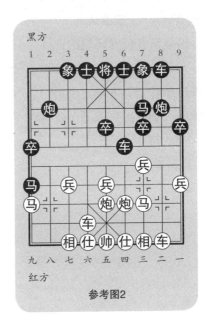

参考图2

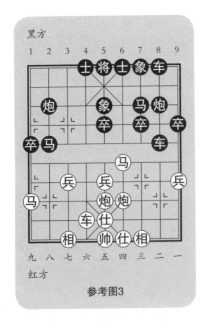

参考图3

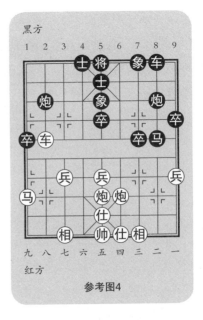

参考图4

想一想

根据基本图和对比图两图之中子力位置的不同之处，分析并写出产生棋形差异的原因。［布局提示：双方以五七炮对屏风马互进三兵（卒），黑马踏边兵变例布局，第12回合的结果图］

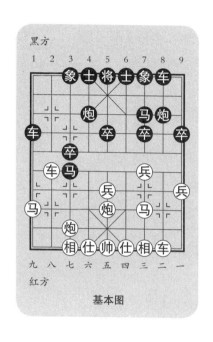

基本图

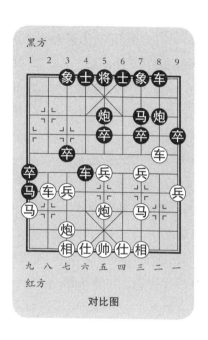

对比图

基本图的布局演变过程：

1. 炮二平五	马8进7	2. 马二进三	车9平8
3. 车一平二	马2进3	4. 兵三进一	卒3进1
5. 马八进九	卒1进1	6. 炮八平七	马3进2
7. 车九进一	马2进1	8. 炮七退一	车1进3
9. 车九平八	炮2平4	10. 车八进二	卒1进1
11. 兵七进一	卒1平2	12. 车八进一	马1退3

产生差异的原因：

对比图第9回合时，黑方没有走炮2平4，而是选择车1平4，经过以下几个回合演变形成对比图结果。

9. ……	车1平4	10. 车二进五	车4进2
11. 兵五进一	炮2平5	12. 车八进二	卒1进1

打打谱

请同学们把下面两则实战对局的棋谱用棋盘摆出来，在打谱的过程中找一找与定式里讲的棋谱有哪些不同，不同之处在棋谱上标记出来。（注："！"表示好棋，"？"表示疑问手）

第 1 局　上海　洪智　胜　上海　孙勇征

2019 年第四届全国智力运动会"国金集团杯"象棋比赛

1. 炮二平五	马 8 进 7	2. 兵三进一	卒 3 进 1
3. 马二进三	马 2 进 3	4. 车一平二	车 9 平 8
5. 马八进九	卒 1 进 1	6. 炮八平七	马 3 进 2
7. 车九进一	马 2 进 1	8. 炮七进三	卒 1 进 1
9. 车九平六	车 1 进 4	10. 炮七进一	士 6 进 5
11. 马三进四	车 1 平 3	12. 炮七平九	车 3 平 6
13. 马四进六	炮 8 进 4	14. 车二进一	象 7 进 5？

红方略优。

第 2 局　广东　郑惟桐　胜　浙江　赵鑫鑫

2021 年全国象棋甲级联赛

1. 炮二平五	马 8 进 7	2. 马二进三	车 9 平 8
3. 车一平二	马 2 进 3	4. 兵三进一	卒 3 进 1
5. 马八进九	卒 1 进 1	6. 炮八平七	马 3 进 2
7. 车九进一	马 2 进 1	8. 炮七退一	车 1 进 3
9. 车九平八	卒 1 进 1	10. 车二进五	炮 2 平 4
11. 车二平七	象 7 进 5	12. 车七平六	士 6 进 5
13. 车八进二	炮 8 进 2	14. 仕六进五？	卒 7 进 1

大体均势。

试一试

第1题 下图轮到红方行棋，红方最佳应法是什么？

红方先行

1. 炮七进二 ……

进炮打马选点准确。如果被红方炮七平三，形成炮马交换的结果，那么黑方8路线上的车炮将被牵制。

1. …… 炮8平9

如马7退5，红方炮七平六，炮2平3，马九退七，炮8进1，马三进四，红方主动。

2. 车二进九 马7退8

3. 炮七平一 马8进9

只能跳马吃炮，如炮2平9，黑方子力分散，红方还有马三进二再炮五平二的先手，黑方更是雪上加霜。

4. 马三进四 炮2平3 5. 炮五进四

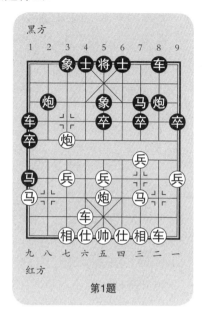

第1题

士6进5

6. 车六平二

红优。

第2题 下图局面中轮到黑方行棋，黑方最佳应法是什么？

黑方先行

1. …… 车3平2

2. 车二进六 炮2平3

平炮瞄相，准备抢先动手。

3. 马九退七 ……

退马护相，顽强。如车二平三，则炮3进7，仕六进五，炮3平1，黑方弃子有攻势。

3. …… 车2进2

进车骑河，封锁红方后续子力的跟进。

4. 车二平三 象3进5 5. 马三进二 ……

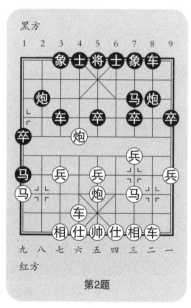

第2题

红方此时不宜再走炮六进二，否则炮8进4，炮六平三，炮8平7，黑方连消带打，反夺先手。

5. ……　　　炮8平9　　　6. 马二进一　　马7进9

7. 车三平一　　士4进5

先补士，正确，不给红方炮五进四的带将调整的机会。

8. 车一平五　　炮9平7

黑方满意。

第2节　五七炮对屏风马进7卒型

第1局　黑右炮巡河式

记一记

定式基础：

1. 炮二平五　　马8进7

2. 马二进三　　马2进3

3. 车一平二　　车9平8

4. 马八进九　　卒7进1

5. 炮八平七　　炮2进2

6. 车二进六　　马7进6

7. 车九平八　　车1平2

8. 车八进四　　象3进5

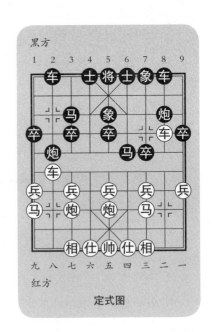

定式图

讲一讲

1. 炮二平五　　马8进7

2. 马二进三　　马2进3　　　3. 车一平二　　车9平8

4. 马八进九　　卒7进1　　　5. 炮八平七　　炮2进2

升炮巡河，是出现最早并在实战中使用率最高的应着，意在借打车之威胁，扑出左马，构成一个防守中带有反击的弹性阵形。

6. 车二进六　　马7进6　　　7. 车九平八　　车1平2

8. 车八进四　　象3进5（图7-2-1）

至此，形成五七炮对屏风马的一个典型局面。纵观全盘，红方双车对黑方构成牵制，发挥了极高的效率，五七炮虎视眈眈，亦较有威力，不足之处是双马有欠活跃。黑方阵形协调工整，以左马盘河为基点，在防御中富有弹性，与红方在沿河一线进行争夺。

9. 兵九进一 ……

红方挺九路兵，意在使巡河车生根，稳步进取。

9. …… 卒 3 进 1

挺 3 卒活通马路，可以避免红方炮七进四打卒的变化，并有渡 7 卒的手段，是步灵活之着。

10. 车二退三 ……

退车兵线，防止黑卒 7 进 1 渡河反击，同时保持对黑方无根车炮的牵制。

10. …… 士 4 进 5

11. 炮七退一 ……

巧退七炮，是机动灵活的好棋。如改仕四进五或仕六进五，则黑方可车 2 平 4 及炮 8 进 2 等有针对性的应手，实战结果，红方都不理想。

11. …… 马 6 进 7

红退左炮准备平二谋子，黑马踏兵是先弃后取的积极应着。

12. 相三进一 ……

飞相暗伏车二平三吃马，炮 8 平 7，相一进三的手段。

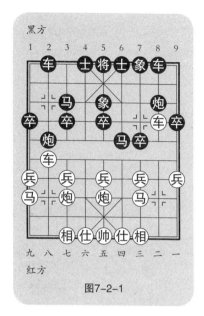

图7-2-1

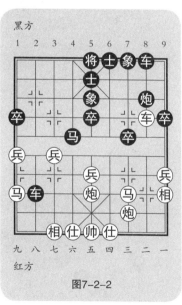

图7-2-2

12. …… 马 7 退 8 13. 车二进二 卒 3 进 1

14. 车八进一 车 2 进 4 15. 车二进一 ……

不给黑方卒 7 进 1 兑车的机会。

15. …… 马 3 进 4 16. 兵七进一 车 2 进 3

17. 炮七平三 ……（图7-2-2）

伏有兵七进一，象5进3，马三进二，象3退5，马二进三再马三进四的手段。

17. ……　　　将5平4　　　18. 车二退二　马4退6

双方大体均势。

练一练

根据参考图提示，写出布局演变的过程及主要变着。

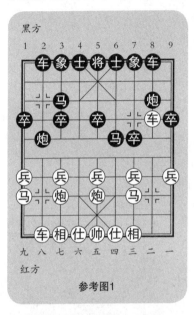

参考图1

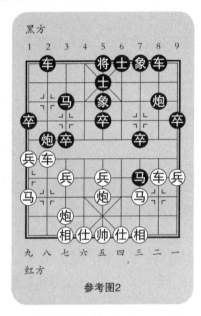

参考图2

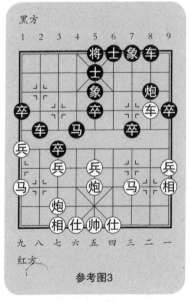

参考图3

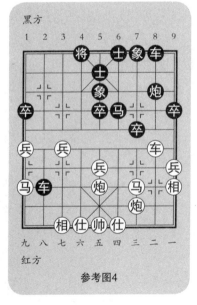

参考图4

想一想

根据基本图和对比图两图之中子力位置的不同之处，分析并写出产生棋形差异的原因。（布局提示：双方以五七炮对屏风马进7卒，黑右炮巡河变例布局，第12回合的结果图）

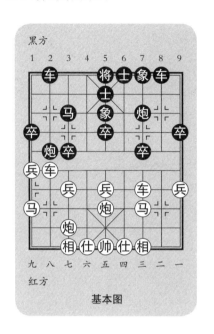

基本图

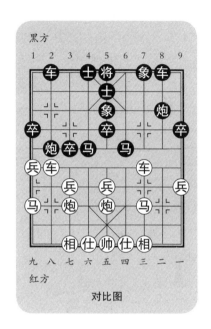

对比图

基本图的布局演变过程：

1. 炮二平五	马8进7	2. 马二进三	车9平8
3. 车一平二	马2进3	4. 马八进九	卒7进1
5. 炮八平七	车1平2	6. 车九平八	炮2进2
7. 车二进六	马7进6	8. 车八进四	象3进5
9. 兵九进一	卒3进1	10. 车二退三	士4进5
11. 炮七退一	马6进7	12. 车二平三	炮8平7

产生差异的原因：

对比图第10回合时，红方没有走车二退三，而是选择车二退二，经过以下几个回合演变形成对比图结果。

| 10. 车二退二 | 士6进5 | 11. 兵三进一 | 卒7进1 |
| 12. 车二平三 | 马3进4 | | |

打打谱

请同学们把下面两则实战对局的棋谱用棋盘摆出来，在打谱的过程中找一找与定式里讲的棋谱有哪些不同，不同之处在棋谱上标记出来。（注："！"表示好棋，"？"表示疑问手）

第1局　北京 蒋川　胜　湖北 柳大华

2015年决战名山全国象棋冠军挑战赛

1. 炮二平五	马8进7	2. 马二进三	车9平8
3. 车一平二	马2进3	4. 马八进九	卒7进1
5. 炮八平七	车1平2	6. 车九平八	炮2进4
7. 车二进四	象3进5	8. 兵九进一	炮2退2
9. 车二进二	马7进6	10. 车八进四	士4进5
11. 炮七进四	卒7进1	12. 车二平四	马6进7
13. 炮五平七	卒7平6	14. 车四平二	卒6进1
15. 车八平四	卒5进1！	16. 车四退一	马7退6

大体均势。

第2局　北京 金波　胜　山东 刘子健

2017年全国象棋甲级联赛

1. 炮二平五	马8进7	2. 马二进三	马2进3
3. 车一平二	车9平8	4. 马八进九	卒7进1
5. 炮八平七	车1平2	6. 车九平八	炮2进4
7. 车二进四	象3进5	8. 兵九进一	炮2退2
9. 车二进二	马7进6	10. 车八进四	卒3进1
11. 车二退三	士4进5	12. 炮七退一	马6进7
13. 车二平三？	炮8平7	14. 车三平四	炮7进5
15. 兵七进一	炮7平1	16. 相七进九？	车8进5

黑方略优。

试一试

第1题 下图轮到红方行棋，红方最佳应法是什么？

红方先行

1. 炮七进四 ……

挥炮取卒，先得实力。

1. …… 卒7进1

黑方进卒既可摆脱左翼车炮受牵制之累，又能先手防止红方车八平四顶马的手段。

2. 车二平四 马6进7

3. 炮五平七 ……

保留复杂变化的选择。

3. …… 炮2平5

4. 相七进五 车2进5

5. 马九进八 炮8进6

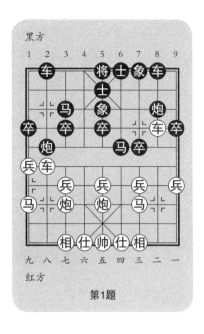

第1题

准备与红方展开对攻。如炮8平6，则仕六进五，卒7平8，马八进六，红方子力调动从容，稍好。

6. 马八进六 马3退2　　7. 马六进八 马2进4

8. 仕六进五

对攻中红方稍好。

第2题 下图局面中轮到黑方行棋，黑方最佳应法是什么？

黑方先行

1. …… 马6进7

黑马吃兵正着，如卒3进1，兵三进一，红先。

2. 车四平二 ……

再平车牵制黑方8路车、炮，稳健。

2. …… 马7退6

3. 兵九进一 卒3进1

随着黑方挺起3卒，黑方巡河车构建起坚

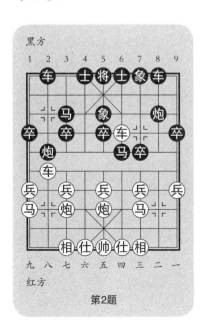

第2题

固的防线。此时黑方不宜走炮2平3简化局面，以下车八进五，马3退2，炮七进三，卒3进1，炮五进四，士4进5，炮五退二，马2进3，马九进八，卒7进1，车二退一，红方先手。

4. 兵七进一　　卒7进1　　　5. 车二平三　　卒3进1

先进3卒正确。如改走马6进4，则炮七退一，卒3进1，车八平七，马4进6，车三退二，马6进7，炮七平四，黑方子力没有后续跟进，孤马深入，红方稍优。

6. 车八平七　　卒7进1　　　7. 炮七进五　　……

交换简明，为炮打中卒埋下伏笔。

7. ……　　　　炮8平3　　　8. 炮五进四　　士4进5

9. 车七进三　　卒7进1

黑方足可抗衡。

<h2>第2局　黑右炮过河式</h2>

<h3>记一记</h3>

定式基础：

1. 炮二平五　　马8进7

2. 马二进三　　车9平8

3. 车一平二　　马2进3

4. 马八进九　　卒7进1

5. 炮八平七　　车1平2

6. 车九平八　　炮2进4

7. 车二进四　　炮8平9

8. 车二平四　　车8进1

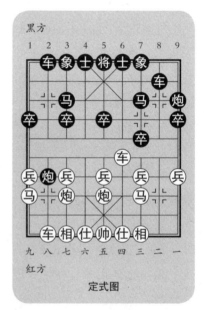

定式图

<h3>讲一讲</h3>

1. 炮二平五　　马8进7　　　2. 马二进三　　车9平8

3. 车一平二　　马2进3　　　4. 马八进九　　卒7进1

5. 炮八平七　　车1平2　　　6. 车九平八　　炮2进4

右炮封车，是寻求变化志在反击的下法。

7. 车二进四　　……

红方右车巡河力图兵九进一，再车二平八解除左翼受到的封压。

　　7.……　　　　炮8平9

平炮兑车抢先之着。红棋整体布局体系都是以巡河车为支撑，红棋肯定不能接受兑，只能避兑，这样黑车顺理成章占据8路线。

　　8.车二平四　　车8进1

以前黑方常应以车8进6，对攻之下，红方占先。现在，黑方发现了新着，进左车向右调转，支持二路炮，攻守兼备。

　　9.兵九进一　　车8平2

　　10.兵三进一　　……（图7-2-3）

邀兑三兵威胁黑方7路马，是红棋的流行

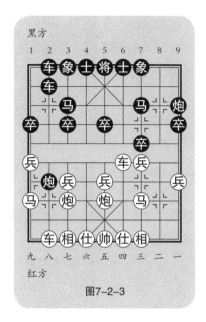

图7-2-3

下法。红方另有车八进一，炮2平5（黑如前车进3，红则车八平四或车八平二，双方另有攻守），车八平五，炮5退2，马三进五，前车进3，炮五进三，卒5进1，炮七平五，士4进5，车五平二，马7进5，车二进六，双方对峙。

　　10.……　　　　卒7进1

不宜走前车进3，否则兵三进一，前车平7，车四平八，车2进5，马九进八，炮2平1，马八进七，红优。

　　11.车四平三　　马7进8

从感觉上讲黑方进马应该走马7进6，因为马在中心控制的点比较多，可眼前的情况很特殊，如果黑方改走马7进6，车八进一（准备车八平四对黑马实施迅速打击），炮2平5，马三进五，前车进7，马五进四，红方在一车换双后红马迅速进入攻击位置，局势明显占优。

　　12.兵五进一　　……

如改走车三进五砍象，炮9平7，黑方虽然残象，但反击力量相当强。

　　12.……　　　　象3进5

黑如改走象7进5虽可避免丢象，但阵形结构存在缺陷。实战证明，黑方飞左象弊多利少。

　　13.兵五进一　　卒5进1　　　　14.车三进五　　……

红方弃兵的后续手段，造成黑方中路防守出现弱点。

14. ······   炮 9 平 7

黑飞右象的战略目的就是想通过弃左象为诱饵，再平炮关车展开对攻。

15. 车三平二 ······

红方平车捉马，使右车脱离险地。

15. ······   马 8 进 7（图7-2-4）

稳健。如炮 7 进 7 打底相，则仕四进五，马 8 进 7，车二退二，前车平 5，炮五进五，车 5 平 7，车二退七，炮 7 退 1，炮五平一，局势发展对红方有利。

16. 车八进一 车 2 平 6

17. 车二退二 ······

继续利用黑方中路弱点主动出动。

17. ······   车 6 进 1   18. 车八平六 士 4 进 5

对方对峙，局势复杂激烈。

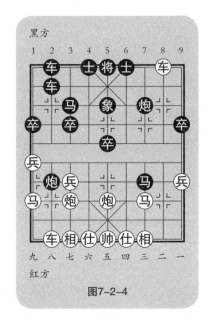

图7-2-4

练一练

根据参考图提示，写出布局演变的过程及主要变着。

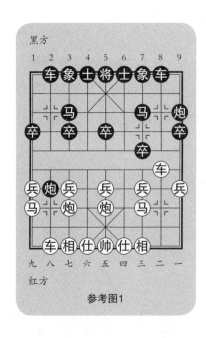

参考图1

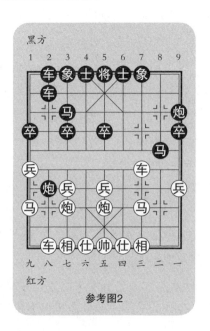

参考图2

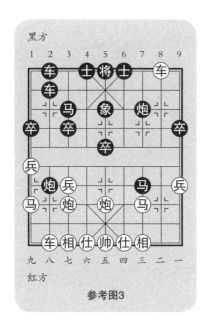

参考图3

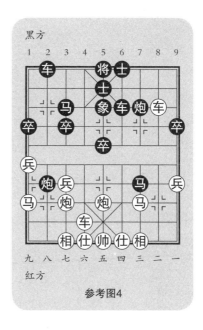

参考图4

想一想

根据基本图和对比图两图之中子力位置的不同之处，分析并写出产生棋形差异的原因。（布局提示：双方以五七炮对屏风马进 7 卒，黑右炮过河变例布局，第 12 回合的结果图）

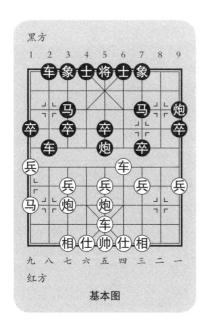

基本图

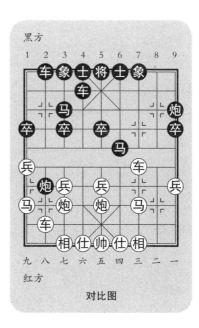

对比图

基本图的布局演变过程：

1. 炮二平五　马8进7　　2. 马二进三　车9平8

3. 车一平二　马2进3　　4. 马八进九　卒7进1

5. 炮八平七　车1平2　　6. 车九平八　炮2进4

7. 车二进四　炮8平9　　8. 车二平四　车8进1

9. 兵九进一　车8平2　　10. 车八进一　炮2平5

11. 车八平五　炮5退2　　12. 马三进五　车2进3

产生差异的原因：

对比图第 10 回合时，红方没有走车八进一，而是选择兵三进一，经过以下几个回合演变形成对比图结果。

10. 兵三进一　卒7进1　　11. 车四平三　马7进6

12. 车八进一　车2平4

打打谱

请同学们把下面两则实战对局的棋谱用棋盘摆出来，在打谱的过程中找一找与定式里讲的棋谱有哪些不同，不同之处在棋谱上标记出来。（注："！"表示好棋，"？"表示疑问手）

第 1 局　北京 蒋川　胜　广东 吕钦

2015 年第 7 届"句容茅山杯"全国象棋冠军邀请赛

1. 炮二平五　马8进7　　2. 马二进三　车9平8

3. 车一平二　马2进3　　4. 马八进九　卒7进1

5. 炮八平七　车1平2　　6. 车九平八　炮2进4

7. 车二进四　炮8平9　　8. 车二平四　车8进1

9. 兵九进一　车8平2　　10. 兵三进一　卒7进1

11. 车四平三　马7进8　　12. 车三进五　炮9平7

13. 车三平二　前车进3　　14. 车八进三　前车进2

15. 车二退四　后车进4　　16. 车二进二　后车平7

大体均势。

第 2 局　上海 孙勇征　胜　杭州 李炳贤

2019 年全国象棋甲级联赛

1. 炮二平五　马8进7　　2. 马二进三　车9平8

3. 车一平二	马2进3	4. 马八进九	卒7进1
5. 炮八平七	车1平2	6. 车九平八	炮2进4
7. 车二进四	炮8平9	8. 车二平四	车8进6
9. 兵九进一	车8平7？	10. 车四平八	车2进5
11. 马九进八	炮2平5	12. 马三进五	车7平5
13. 马八进六	车5退2	14. 炮七进四	象3进1
15. 马六进八	士6进5	16. 马八进七	将5平6

红方略优。

试一试

第1题 下图轮到红方行棋，红方最佳应法是什么？

红方先行

1. 兵三进一 ⋯⋯

兑兵活马，充分发挥巡河车的效率。

1. ⋯⋯ 卒7进1

2. 车二平三 马7进8

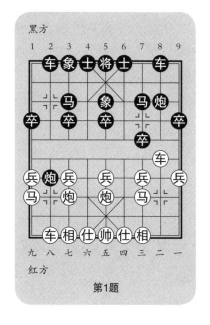

第1题

如果马7进6，车三平四，车2进4，黑方2路车防守任务过重，以后红方有马三进二兑马后牵制黑方8路车炮的手段。

3. 兵七进一 炮8平7

4. 马三进二 车8平7

准备炮7进7打底相抽车。

5. 相三进一 炮7平8

6. 车三进五 象5退7

7. 马二进四

红方主动。

第2题 下图局面中轮到黑方行棋，黑方最佳应法是什么？

黑方先行

1. ⋯⋯ 前车进3

进车保炮，意在保持复杂变化。

2. 车五平二 ⋯⋯

及时闪出车位，正确。

2. ……　　　　炮5进3

交换简明，如改走象3进5，则兵三进一，炮9进4，兵三进一，炮5进3，相三进五，前车平7，马九进八，红方子力得以改善，红方易走。

3. 相三进五　卒5进1

冲卒为双马联络作准备。如前车平5，则车二进六，黑方还马3退5，红马九进八，黑棋形不通畅。

4. 车二进六　马7进5

5. 炮七进四　……

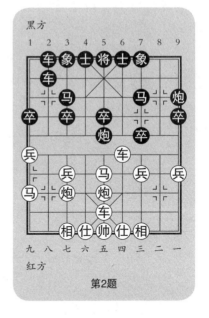

第2题

炮打3卒借势压马，如炮七退一，则象3进5，炮七平三，士4进5，仕四进五，后车平4，马九进八，卒5进1，车四平五，炮9进4，黑方阵形厚实，足可抗衡。

5. ……　　卒9进1　　6. 炮七平六　……

也可走车四平六，象3进5，车六进二，卒5进1，炮七平五，马3进5，车六平五，卒5进1，车五退三，前车进4，双方大体均势。

6. ……　　　象3进5　　7. 炮六退五　炮9进4

炮打边卒，反击有力。

8. 马五进七　卒5进1

黑方最不希望红方走到炮六平一去支援右翼，弃卒就是为围绕这一战略而构思的。此时，如前车进4，则炮六平四，以后还有炮六平一的机会。

9. 车四平五　前车进4　　10. 炮六平七　……

红方只有炮六平七生根，如炮六平二，前车平6再炮9进3，黑方大优。

10. ……　　　士4进5

黑优。

第3局 黑左炮过河式

记一记

定式基础:

1. 炮二平五　　马8进7

2. 马二进三　　车9平8

3. 车一平二　　马2进3

4. 马八进九　　卒7进1

5. 炮八平七　　车1平2

6. 车九平八　　炮8进4

7. 车八进六　　炮2平1

8. 车八平七　　车2进2

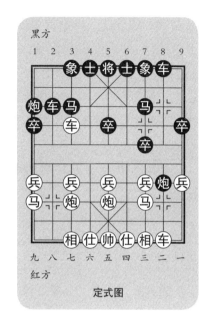

黑方

定式图

讲一讲

1. 炮二平五　　马8进7

2. 马二进三　　车9平8

3. 车一平二　　马2进3

4. 马八进九　　卒7进1

5. 炮八平七　　车1平2

6. 车九平八　　炮8进4

黑方左炮过河封车,意在禁控红方右翼子力,但己方右翼也要承受一定的压力。相对于炮2进4而言,黑炮8进4的对攻性更为复杂激烈。

7. 车八进六　　……

左车压境,剑锋直指黑方3路弱马,是姿态鲜明的攻法。如改走车八进四,炮2平1,兵九进一,卒3进1,炮七进三,车2进5,马九进八,象7进5,炮七进一,炮8平5,炮五进四,马3进5,车二进九,马7退8,马三进五,双方局势迅速简化,和棋机会很大。

7. ……　　　　炮2平1

黑平炮兑车,化解红八路车的压力。如果红方接受兑车,由于红二路车被封压,黑方可以获得主动。

8. 车八平七　　车2进2

9. 车七退二　　……（图7-2-5）

红车获取利益后回守巡河，准备挺兑三兵打破黑方的左翼封锁，以便稳步进取。如改走兵九进一的下法，以下象3进5，仕四进五，士4进5，车二进二，马7进6，车七退二，马3进2，车七平八，马2退4，车八平四，车2进2，炮五平六，黑方补棋消除隐患后，左马扑出逼退红方过河车，黑方满意。

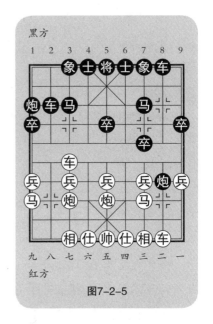

图7-2-5

9. ……　　　　象3进5

补象避开红方七路炮的牵制，是稳健的选择。

10. 兵三进一　　……

面对红兑三兵，黑置之不睬而跃右马对攻，正着。

10. ……　　　　马3进2

黑方跃马正着。如卒7进1去兵则跌进陷阱，红方可走车七平三，以下马7进6，车三平四，车8进4，炮七退一！士4进5，车四退一，炮8进2，车四退二，炮8退3，车四平二，黑炮遭围歼。

11. 车七平八　　……

平车拦马可避免大量兑子，保持复杂局面，从而争取胜机。

11. ……　　　　卒7进1　　12. 车八平三　　马2进1

马踏边兵，选择兑子，着法正确。如径走马7进6，红车三平八，马2退4，车八平四，车2进2，炮五平四，马6退7，马三进二，炮8平7，炮四平二，车8平9，相三进五，红扩先占优。

13. 炮七退一　　……

退炮谋求变化，使局势保持弹性。

13. ……　　　　车2进5

黑进车蹩马脚，准备炮8平3对攻。

14. 炮七平三　　……

红左车炮先后移右，把攻击矛头对准黑7线，暗伏马三退一咬炮兼打马的手段。

14. ……　　　　炮1平3（图7-2-6）

平炮打相，势在必行。如若担心红马三退一得子而改为炮8退5，红则马三进四，炮1平3，炮三平七！炮8平7，车二进九，炮7进4，车二退五，炮3进6，车二平三，红方明显占优

15. 马三退五　　车2平4

黑方平车肋道，意在先弃后取，针对红窝心马的弱点，伏有进攻手段。

16. 炮三进六　　炮3进2

17. 马五进七　　……

献吃从而消除了窝心马易遭攻击的弱点。如改走炮五进四，士4进5，马五进三，炮3进5，仕六进五，车4进1，黑方大有攻势。

17. ……　　　　马1进3　　18. 炮五平七　　车4平3

双方大体均势。

练一练

根据参考图提示，写出布局演变的过程及主要变着。

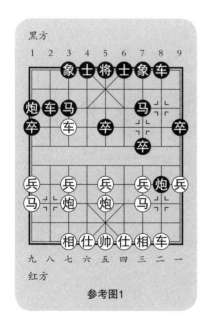

参考图1

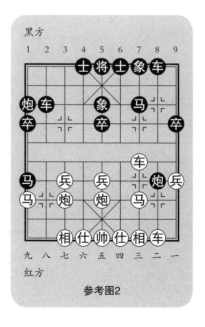

参考图2

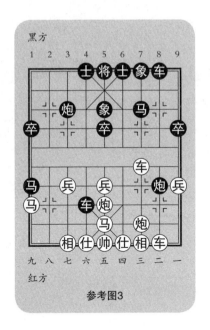

参考图3

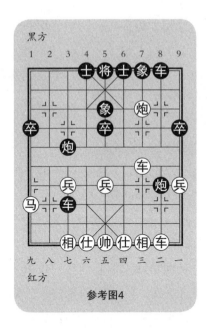

参考图4

想一想

根据基本图和对比图两图之中子力位置的不同之处，分析并写出产生棋形差异的原因。（布局提示：双方以五七炮对屏风马进7卒，黑左炮过河变例布局，第12回合的结果图）

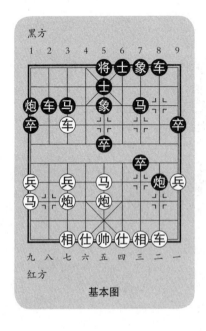

基本图

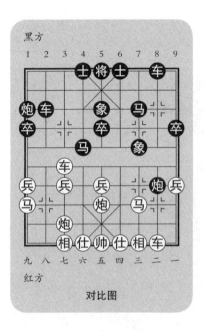

对比图

基本图的布局演变过程：

1. 炮二平五　马8进7　　2. 马二进三　车9平8

3. 车一平二　马2进3　　4. 马八进九　卒7进1

5. 炮八平七　车1平2　　6. 车九平八　炮8进4

7. 车八进六　炮2平1　　8. 车八平七　车2进2

9. 兵五进一　士4进5　　10. 兵五进一　卒5进1

11. 兵三进一　卒7进1　　12. 马三进五　象3进5

产生差异的原因：

对比图第9回合时，红方没有走兵五进一，而是选择车七退二，经过以下几个回合演变形成对比图结果。

9. 车七退二　马3进4　　10. 兵三进一　象3进5

11. 兵三进一　象5进7　　12. 炮七退一　象7进5

打打谱

请同学们把下面两则实战对局的棋谱用棋盘摆出来，在打谱的过程中找一找与定式里讲的棋谱有哪些不同，不同之处在棋谱上标记出来。（注："！"表示好棋，"？"表示疑问手）

第1局　江苏 徐超　胜　吉林 王廓

2021年第1届"上海杯"象棋大师公开赛

1. 炮八平五　马2进3　　2. 马八进七　车1平2

3. 车九平八　马8进7　　4. 马二进一　卒3进1

5. 炮二平三　车9平8　　6. 车一平二　炮2进4

7. 车二进六　炮8平9　　8. 车二平三　车8进2

9. 车三退二　马7进8　　10. 车三平二　马8退6

11. 车二平四　马6进8　　12. 炮三进七　士6进5

13. 车四平三　炮9进4　　14. 兵七进一　卒3进1

15. 车三平七　马3进4　　16. 车七平二　马4进5

大体均势。

第2局　上海 孙勇征　和　黑龙江 赵国荣

2014年第4届"温岭石夫人杯"全国象棋国手赛

1. 炮二平五　马8进7　　2. 马二进三　车9平8

3. 车一平二　　马2进3　　　4. 马八进九　　卒7进1

5. 炮八平七　　车1平2　　　6. 车九平八　　炮8进4

7. 车八进六　　炮2平1　　　8. 车八平七　　车2进2

9. 车七退二　　马3进2　　　10. 车七平八　　马2退4

11. 车八平六　　马4进2　　　12. 车六平八　　马2退4

13. 车八平六　　马4进2　　　14. 车六平八　　马2退4

15. 兵九进一　　象7进5　　　16. 车二进一　　车2进3

大体均势。

试一试

第1题　下图轮到红方行棋，红方最佳应法是什么？

红方先行

1. 兵三进一　　象5进7

2. 炮七退一　　……

退炮准备左炮右移，寻找进攻的机会。如车七进一，则炮8退2，以后黑方象7进5，红车的位置尴尬。

2. ……　　　　象7进5

3. 马三进二　　炮8平7

如炮8平6，则炮五平二，炮6平8，炮七平二，炮8进2，车二进一，车8平9，车七平六，以后红方兵九进一，各子俱活，红方占优。

4. 炮五平二　　车8平9

5. 相三进五　　车2进3

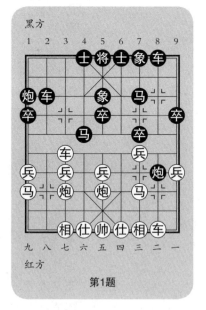

第1题

兑车积极，如士6进5，车七平三，车2进3，车三平八，马4进2，车二平三，马2进1，炮二平九，车9平8，车三进三，车8进5，兵七进一，红方先手。

6. 车二平三　　车2平3　　　7. 兵七进一　　炮7平1

8. 兵七进一　　马4进6

如误走象5进3，则车七进五捉马，黑方丢子。

9. 兵五进一

红方主动。

第 2 题　下图局面中轮到黑方行棋，黑方最佳应法是什么?

黑方先行

1. ……　　　　车 8 进 3

高车是好棋，黑方的关键。如:

2. 马九进八　　士 4 进 5

补士稳健，防止红方带将吃象。

3. 马八进六　　马 7 进 6

积极对攻的选择，稳健走法可以走象 3 进
5，兵七进一，炮 1 进 3，马六进八，黑方或
可炮 8 平 5 换车，仕四进五，车 8 进 6，马
三退二，炮 1 进 1，形成"四马炮"残局。

4. 仕四进五　　炮 1 进 3

5. 马六退四　　炮 8 进 2

6. 炮五进四　　……

换炮解决二路车被封压的不利局面。

6. ……　　　　车 8 平 5

7. 车二进一　　车 5 平 4

以后有车 4 进 2 的先手，黑方易走。

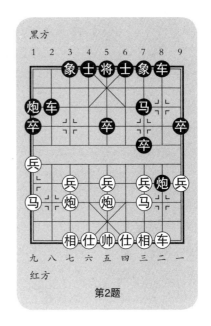

第2题

第8章 五六炮对屏风马布局

第1节 五六炮对屏风马互进三兵（卒）型

第1局 黑挺边卒式

记一记

定式基础：

1. 炮二平五　　马8进7

2. 马二进三　　车9平8

3. 车一平二　　马2进3

4. 兵三进一　　卒3进1

5. 马八进九　　卒1进1

6. 炮八平六　　炮8进2

讲一讲

1. 炮二平五　　马8进7

2. 马二进三　　车9平8

3. 车一平二　　马2进3

4. 兵三进一　　卒3进1　　　5. 马八进九　　卒1进1

挺卒制马，兼有活通边车的作用，是黑方较有针对性的应着。

6. 炮八平六　　……

至此，形成五六炮对屏风马互进三兵（卒）的布局阵势。

6. ……　　　　炮8进2

升炮巡河，间接封锁红方左车，应着工稳。如改走马3进2，则炮六进三！马2进1，车九平八，黑方阵形虚弱，易受攻击。

7. 炮六进四　　……

进炮打卒，融入了"五八炮"的构思，虽有些迂回，但黑左炮处于河口，红

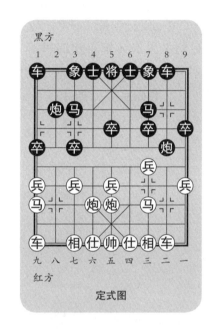

定式图

黑方

红方

亦有利用机会。

7. ……　　　　象7进5

飞左象，正着，避免红炮六平三压马、威胁底象。

8. 炮六平三　……

红方平炮射卒，谋取实利。

8. ……　　　　卒1进1（图8-1-1）

兑卒通车，简明易行。如改走炮2进2，则车九平八，车1进1，车八进四，车1平6，车二进四，黑方双炮处于沿河，略感消极，红方稍优。

9. 兵三进一　……

红方弃三兵，可以争先出车，以消除黑骑河车的威胁，抢先之着。

9. ……　　　　象5进7

10. 车九平八　……

如改走马三进四，则炮8进1马四退三，炮8平2，车二进九，马7退8，兵九进一，车1进5，车九进一，前炮平7，马三进二，炮7退2，马二进三，车1平8，车九平八，炮2进2，黑以后有车8退2捉马的先手。

10. ……　　　　炮2进2

11. 兵九进一　……

挺边兵去卒，工稳之着。如改走马三进四，则炮8进1，兵九进一，车1进5，马四退三，炮8平7，炮三平二，象7退5，仕四进五，马7进8，炮二平四，炮7退4，黑方先手。

11. ……　　　　车1进5

12. 车八进四　……

进车是红方布局要点，保持阵形舒展。

12. ……　　　　车1平2　　　13. 马九进八　炮8进2（图8-1-2）

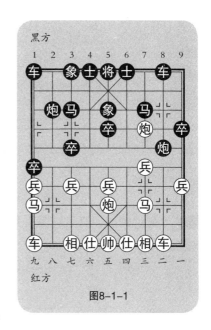

图8-1-1

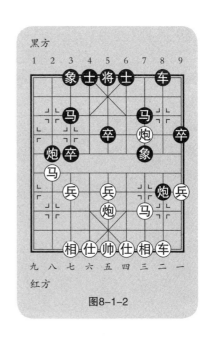

图8-1-2

进炮主要是为了交换时候，红车不至于直接封锁骑河线。以往黑方多走象 7 退 5，则车二进四，士 6 进 5，炮五退一，炮 8 平 7，车二进五，马 7 退 8，炮五平三，红方稍好。

14. 兵五进一　车 8 进 3

捉炮有意简化局面。如要保持变化可以选择炮 8 平 5，仕六进五，车 8 进 9，马三退二，象 7 退 5，黑方易走。

15. 炮五平六　车 8 平 7　　16. 车二进三　象 7 退 5

17. 相三进五　车 7 进 1

守住巡河线，红方攻势受到一定程度的遏制。

18. 车二平六　士 6 进 5

大体均势。

练一练

根据参考图提示，写出布局演变的过程及主要变着。

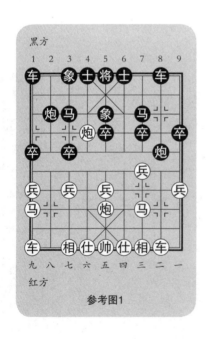

参考图1

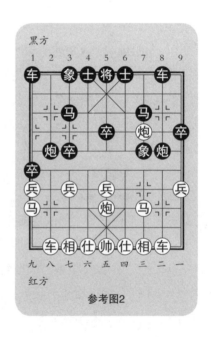

参考图2

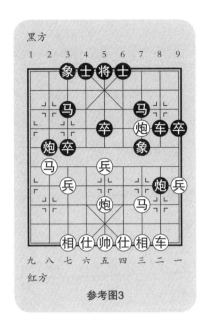

参考图3

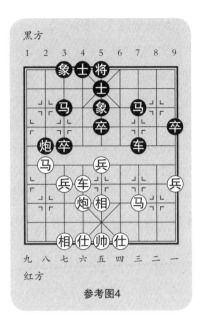

参考图4

想一想

根据基本图和对比图两图之中子力位置的不同之处，分析并写出产生棋形差异的原因。［布局提示：双方以五六炮对屏风马互进三兵（卒），黑挺边卒变例布局，第10回合的结果图］

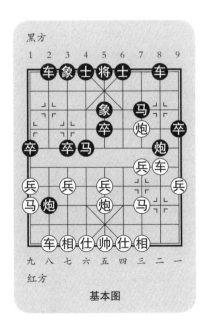

基本图

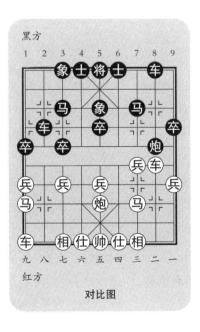

对比图

基本图的布局演变过程：

1. 炮二平五　　马8进7　　2. 马二进三　　车9平8

3. 车一平二　　马2进3　　4. 兵三进一　　卒3进1

5. 马八进九　　卒1进1　　6. 炮八平六　　炮8进2

7. 车二进四　　象7进5　　8. 炮六进四　　车1平2

9. 车九平八　　炮2进5　　10. 炮六平三　　马3进4

产生差异的原因：

对比图第8回合时，黑方没有走车1平2，而是选择车1进3，经过以下几个回合演变形成对比图结果。

8. ……　　　　车1进3　　9. 炮六平三　　炮2进1

10. 炮三平八　　车1平2

打打谱

请同学们把下面两则实战对局的棋谱用棋盘摆出来，在打谱的过程中找一找与定式里讲的棋谱有哪些不同，不同之处在棋谱上标记出来。（注："！"表示好棋，"？"表示疑问手）

第1局　浙江 吴可欣　和　北京 唐丹

2019年第四届全国智力运动会象棋比赛

1. 炮二平五　　马8进7　　2. 马二进三　　车9平8

3. 车一平二　　马2进3　　4. 兵三进一　　卒3进1

5. 马八进九　　卒1进1　　6. 炮八平六　　炮8进2

7. 炮六进四　　象7进5　　8. 车二进四　　士6进5

9. 炮六平三　　炮8平4　　10. 车二进五　　马7退8

11. 车九进一　　卒1进1　　12. 兵九进一　　车1平5

13. 兵三进一　　象5进7　　14. 车九平八　　炮2进2！

15. 车八进三　　车1平2　　16. 马九进八　　炮4进1

大体均势。

第2局　广东 吕钦　和　广东 陈幸琳

2019年首届"鹏城杯"全国象棋排位赛

1. 炮二平五　　马8进7　　2. 马二进三　　车9平8

3. 车一平二　　马2进3　　4. 兵三进一　　卒3进1

5. 马八进九   卒 1 进 1   6. 炮八平六   炮 8 进 2

7. 炮六进四   象 7 进 5   8. 炮六平三   卒 1 进 1

9. 兵三进一   象 5 进 7   10. 车九平八   炮 2 进 2

11. 兵九进一   车 1 进 5   12. 车八进四   车 1 平 2

13. 马九进八   象 7 退 5   14. 仕四进五？   炮 8 进 2

15. 兵五进一   炮 8 平 7   16. 车二进九   马 7 退 8

大体均势。

试一试

第 1 题　下图轮到红方行棋，红方最佳应法是什么？

红方先行

1. 车九平八　……

迅速开动左车，正着。

1. ……　　　　　炮 2 进 6

进炮压车，积极。如马 3 进 2：

2. 车二进一　炮 2 退 1

3. 车二进三　……

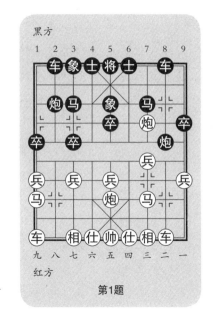

第 1 题

红方利用顿挫战术赢得一步先手。

3. ……　　　　　马 3 进 4

4. 兵三进一　象 5 进 7

5. 马三进四　马 4 进 6

6. 车二平四　……

黑方 2 路车炮变成无根车炮，红方仍伏有
车四进三的先手。

6. ……　　　　士 6 进 5   7. 仕六进五　炮 8 进 5

8. 车四进二　炮 8 退 6   9. 车四进二

红方主动。

第 2 题　下图局面中轮到黑方行棋，黑方最佳应法是什么？

黑方先行

1. ……　　　　炮 2 平 1

平炮是保留变化的选择，如车 1 进 3，车九平八，车 1 平 3，车八进七，士

6进5，局势较为平稳。

2. 车九平八　　炮1进4

3. 车八进七　　……

迫使黑方兑车，减缓左翼的压力。如车二进四，则车1进3，炮七平三，卒5进1，炮三平八，士6进5，黑方易走。

3. ……　　　　车1进2

4. 车八平九　　象3进1

5. 马九退八　　……

准备马八进七调整马位。如车二进四，炮8平5，黑方满意。

5. ……　　　　炮8平6

6. 车二进九　　马7退8

7. 马八进七　　炮1平2　　8. 马三进四　　炮2退2

黑方严阵以待，双方对峙。

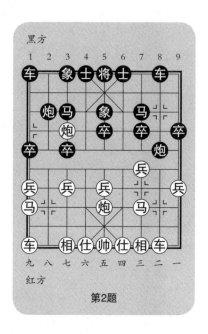

第2题

第2局　黑飞右象式

定式基础：

1. 炮二平五　　马8进7

2. 马二进三　　车9平8

3. 车一平二　　马2进3

4. 兵三进一　　卒3进1

5. 马八进九　　象3进5

6. 炮八平六　　炮8进2

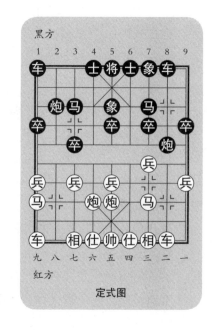

定式图

讲一讲

1. 炮二平五　　马8进7

2. 马二进三　　车9平8

3. 车一平二　　马2进3

4. 兵三进一　　卒 3 进 1

5. 马八进九　　象 3 进 5

黑方飞右象，以逸待劳。

6. 炮八平六　　炮 8 进 2

进炮伏有炮 3 进 2 封车的手段。

7. 炮六进四　　……（图8-1-3）

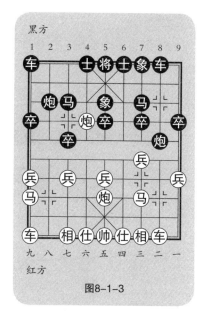

图8-1-3

显然，红方不宜走车九平八，否则马 3 进 2，炮六平八，马 2 进 3，炮八平六，马 3 退 2，炮六平八，炮 2 平 3，黑方得兵占势，反先。进炮以后可以支援左车。

7. ……　　　　车 1 平 2

8. 炮六平三　　……

实战中红方也有车九平八的走法，黑方如马 3 进 2，则炮五平八，炮 8 平 5，相三进五，车 8 进 9，马三退二，炮 2 进 5，车八进二，红方主动。

8. ……　　　　炮 2 进 1

兑炮稳健，不给红方快速打开局面的选择。

9. 炮三平八　　车 2 进 3

10. 车二进四　　……

高车正确，防止黑方车 2 进 2 牵制红方巡河线。

10. ……　　　　马 3 进 4（图8-1-4）

黑方如此时走车 2 进 2，则车九平八，黑棋兑车则步数损失过多，不兑则位置欠佳，红方满意。

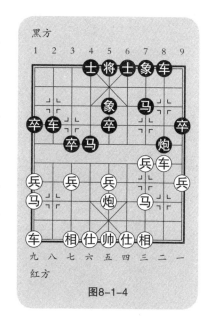

图8-1-4

11. 车九进一　　车 2 进 4

解决 4 路马被捉时的出路。

12. 兵三进一　　象 5 进 7

13. 马三进四　　马 4 进 3

双方对峙。

练一练

根据参考图提示，写出布局演变的过程及主要变着。

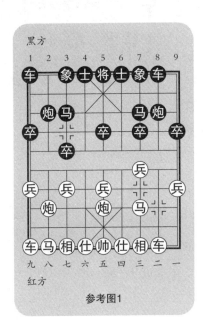

参考图1

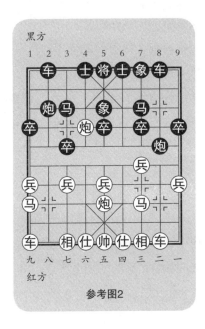

参考图2

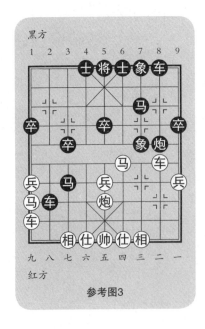

参考图3

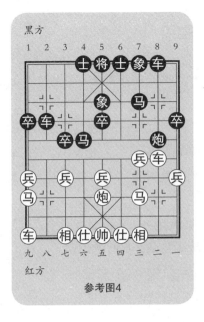

参考图4

想一想

根据基本图和对比图两图之中子力位置的不同之处，分析并写出产生棋形差异的原因。[布局提示：双方以五六炮对屏风马互进三兵（卒），黑飞左象变例布局，第10回合的结果图]

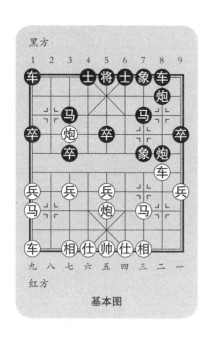

基本图

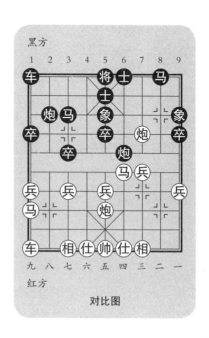

对比图

基本图的布局演变过程：

1. 炮二平五	马8进7	2. 马二进三	马2进3
3. 车一平二	车9平8	4. 兵三进一	卒3进1
5. 马八进九	象3进5	6. 炮八平六	炮8进2
7. 炮六进四	卒7进1	8. 兵三进一	象5进7
9. 炮六平七	炮2退1	10. 车二进四	炮2平8

产生差异的原因：

对比图第7回合时，黑方没有走卒7进1，而是选择士4进5，经过以下几个回合演变形成对比图结果。

7. ……	士4进5	8. 炮六平三	象7进9
9. 马三进四	炮8平6	10. 车二进九	马7退8

打打谱

请同学们把下面两则实战对局的棋谱用棋盘摆出来，在打谱的过程中找一找与定式里讲的棋谱有哪些不同，不同之处在棋谱上标记出来。（注："！"表示好棋，"？"表示疑问手）

第1局　四川 孙浩宇　和　广东 黄海林

2009年全国象棋个人赛

1. 炮八平五	马2进3	2. 马八进七	卒7进1
3. 车九平八	车1平2	4. 兵七进一	马8进7
5. 马二进一	象7进5	6. 炮二平四	炮2进2
7. 炮四进四	卒9进1	8. 炮四平七	炮8进2
9. 车一平二	卒9进1	10. 兵七进一	炮2退3
11. 兵一进一	炮2平8	12. 车八进九	马3退2
13. 炮五进四	士6进5	14. 炮五平二	前炮进4
15. 车二平一	车9进5	16. 相七进五？	前炮退1

黑方易走。

第2局　天津 范思远　胜　内蒙古 陈栋

2012年"大连西岗杯"全国象棋团体赛

1. 炮八平五	马2进3	2. 马八进七	车1平2
3. 车九平八	马8进7	4. 兵七进一	卒7进1
5. 马二进一	象7进5	6. 炮二平四	炮2进2
7. 炮四进四	车9平8	8. 炮四平七	炮8进1
9. 炮七平二	车8进3	10. 车八进四	车8进5
11. 仕六进五	马7进6	12. 兵七进一	象5进3
13. 车八平四	象3进5	14. 马七进八	车2进3！
15. 炮五平四	马3退5	16. 炮四进三	炮2平6

大体均势。

试一试

第1题 下图轮到红方行棋，红方最佳应法是什么？

红方先行

1. 车二进四 ……

升车巡河保护三兵，稳健。如车九进一，则车2进5，车二进四，炮8平5，车九平二，车2平7，前车平三，车8进8，兵九进一，炮5进3，相三进五，马3进4，黑方易走。

1. …… 炮1进4

炮打边卒，逼红方兑车。

2. 车九平八 车2进9

3. 马九退八 炮8平5

再兑8路车，保持平稳的局势。

4. 车二进五 马7退8

5. 马八进七 炮1平2

6. 炮五进三 ……

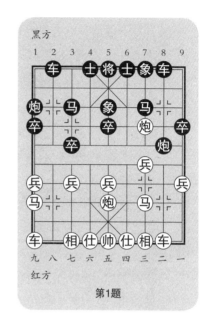

第1题

先兑中炮稳健，如马三进四，则炮5进3，相三进五，炮2退1，黑方有巧过卒的手段，红方还要调整。

6. …… 卒5进1

7. 相七进五 士4进5

8. 马三进四

红方稍好。

第2题 下图局面中轮到黑方行棋，黑方最佳应法是什么？

黑方先行

1. …… 象5进7

2. 炮三平八 车2进3

3. 马三进四 ……

此时，红方不宜走车九平八，否则车2进6，马九退八，炮8进4，马三进四，车8进5，黑方子力灵活，红方不利。

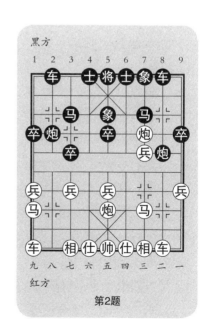

第2题

061

3. ······　　　　炮 8 进 1

进炮保持变化，如象 7 退 5 过于稳健，黑方缺少变化。

4. 车九进一　车 2 进 2　　5. 车九平四　士 4 进 5

黑方各子俱活，红方已经落下风。

6. 炮五平三　象 7 退 5　　7. 相七进五　车 8 进 3

高车占据要道，黑方易走。

第 2 节　五六炮对屏风马进 7 卒型

第 1 局　黑左炮封车式

记一记

定式基础：

1. 炮二平五　马 8 进 7

2. 马二进三　车 9 平 8

3. 车一平二　卒 7 进 1

4. 炮八平六　马 2 进 3

5. 马八进七　车 1 平 2

6. 车九平八　炮 8 进 4

讲一讲

1. 炮二平五　马 8 进 7

2. 马二进三　车 9 平 8

3. 车一平二　卒 7 进 1

4. 炮八平六　马 2 进 3

5. 马八进七　车 1 平 2

6. 车九平八　炮 8 进 4

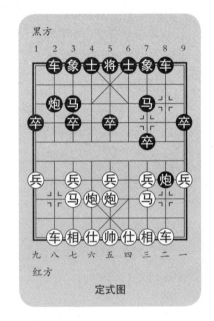

定式图

红方右车的威胁要比左车的威胁更大一些，因此左炮过河封车更加有力。

7. 车八进六　······

黑方左炮过河，3 路马失去保护，红方左车过河是很有针对性的选择。

7. ······　　　　象 3 进 5

黑飞右象固防，以后车八平七时，可以车2平3保马，不需退窝心马再二次调整。

8. 兵七进一　　……（图8-2-1）

活通马路，正着。如走车二进一，则士4进5（如炮8平5，则炮五进四；马3进5，车二进八，马7退8，马三进五，红优），车二平四，卒3进1，车八平七，马3退4，车七平八，车2进1，车四进三，炮8退3，车八退二，炮8平7，黑方易走。

8. ……　　　　士4进5

9. 仕四进五　　……

补仕巩固中路防守。如兵五进一，则炮2平1，车八进三，马3退2，炮五进一，炮8进2，相三进五，马2进3，红方右车被封，黑方易走。

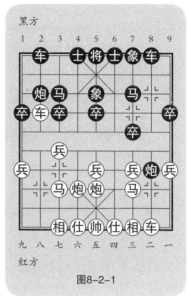

图8-2-1

9. ……　　　　炮2平1

10. 车八平七　　车2进2　　　11. 车七平九　　马3进4（图8-2-2）

跳肋马避免红方兵七进一弃兵的手段。如马3进2，则兵七进一，象5进3，马七进六，马2进3，马六进五，马3进5，相三进五，马7进5，车九平五，车2平8，车五平一，红方多兵主动。

12. 马七进六　　马4进2

避兑是黑方当前局面下的最佳选择。

13. 车九退二　　炮8退3

准备马2退1打车。

14. 车九进一　　马2退3

15. 车九平六　　……

正着。如马六进七，则炮8平3，相七进九，车8进9，马三退二，炮3退2，黑方先手。

15. ……　　　　马3进4

16. 车六退一　　车2进7

双方对峙。

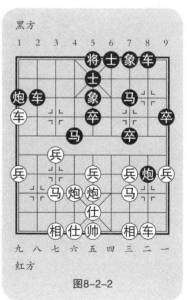

图8-2-2

练一练

根据参考图提示，写出布局演变的过程及主要变着。

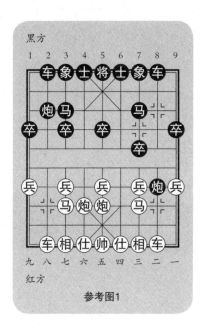

参考图1

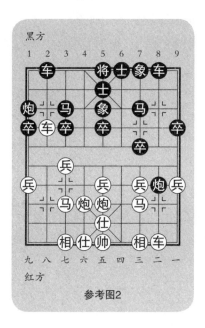

参考图2

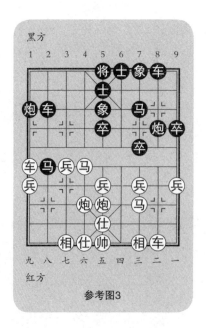

参考图3

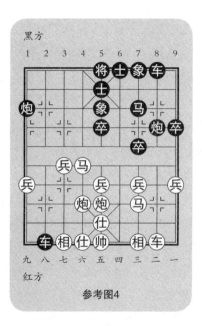

参考图4

想一想

根据基本图和对比图两图之中子力位置的不同之处，分析并写出产生棋形差异的原因。（布局提示：双方以五六炮对屏风马进 7 卒，黑左炮封车变例布局，第 12 回合的结果图）

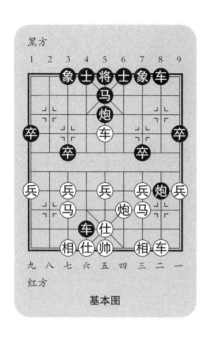

基本图

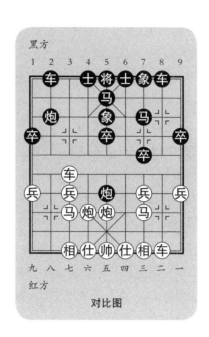

对比图

基本图的布局演变过程：

1. 炮二平五	马 8 进 7	2. 马二进三	车 9 平 8
3. 车一平二	卒 7 进 1	4. 炮八平六	马 2 进 3
5. 马八进七	车 1 平 2	6. 车九平八	炮 8 进 4
7. 车八进六	卒 3 进 1	8. 车八平七	马 3 退 5
9. 炮五进四	马 7 进 5	10. 车七平五	炮 2 平 5
11. 仕四进五	车 2 进 8	12. 炮六平四	车 2 平 4

产生差异的原因：

对比图第 9 回合时，红方没有走炮五进四，而是选择车七平八，经过以下几个回合演变形成对比图结果。

9. 车七平八	马 5 进 3	10. 车八平七	马 3 退 5
11. 车七退一	象 3 进 5	12. 车七退一	炮 8 平 5

打打谱

请同学们把下面两则实战对局的棋谱用棋盘摆出来，在打谱的过程中找一找与定式里讲的棋谱有哪些不同，不同之处在棋谱上标记出来。（注："！"表示好棋，"？"表示疑问手）

第1局 杭州 申鹏 负 深圳 洪智

2021年全国象棋甲级联赛

1. 炮二平五　马8进7　　2. 马二进三　车9平8

3. 车一平二　卒7进1　　4. 炮八平六　马2进3

5. 马八进七　车1平2　　6. 车九平八　炮8进4

7. 车八进六　卒3进1　　8. 车八平七　马3退5

9. 炮五进四　马7进5　　10. 车七平五　炮2平5

11. 仕四进五　车2进8　　12. 炮六平四　车2平4

13. 相三进五　马5进7　　14. 车五退二　马7进6？

大体均势。

第2局 浙江 黄竹风 和 河南 党斐

2018年"高港杯"第五届全国象棋青年大师赛

1. 炮二平五　马8进7　　2. 马二进三　卒7进1

3. 炮八平六　马2进3　　4. 车一平二　车9平8

5. 马八进七　车1平2　　6. 车九平八　炮8进4

7. 车八进六　士4进5　　8. 车八平七　炮8平5

9. 仕四进五　车8进9　　10. 马三退二　马3退4

11. 马二进三　炮5退1？　12. 马三进五　炮2平5？

13. 炮五进二　炮5进3　　14. 炮六平三　车2进4

红方优势。

试一试

第1题　下图轮到红方行棋，红方最佳应法是什么?

红方先行

1. 兵三进一　……

冲三兵好棋，黑方立时陷入困境。

1. ……　　　　炮8退3

黑方如改走马6进7，立刻会遭到红方的打击，炮六平三，炮8退3，车九退一，车2平4，兵三进一，车4进3，车九进二，车4平7，兵三进一，黑方7路马受攻，红方大优。

2. 车九退一　　卒7进1

3. 马三进四　　卒7平6

4. 兵七进一　　象5退3

准备调整右翼的防守阵形。如象5进3吃兵，则车九平七，象7进5，以后车七进三，红方大优。

5. 马六进五　　马7进5

6. 炮五进四　　象7进5

7. 兵七进一

红方大优。

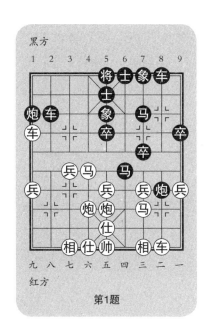

第1题

第2题　下图局面中轮到黑方行棋，黑方最佳应法是什么?

黑方先行

1. ……　　　　炮8退3

退炮攻守两利，既伏有卒3进1反击手段，又有炮8平7打兵压马的手段。

2. 车二进二　　炮8平7

兑车不希望红方控制巡河线。如卒3进1，则车八退二，炮8进1，兵三进一，马3进2，车八进一，卒7进1，车八进二，车2进2，车二平三，卒3进1，车三平七，红方主动。

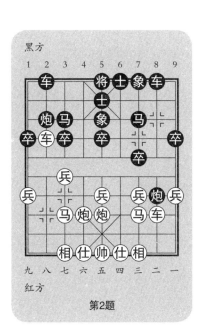

第2题

3. 车二进五　马 7 退 8　　4. 相三进一　……

避开黑方炮 7 进 3 的先手,不给黑方连续抢先(炮 7 进 3,相三进一,马 8 进 7)的机会。

4. ……　　马 8 进 7

以静制动,如卒 3 进 1,车八退二,卒 3 进 1,车八平七,马 3 进 2,兵三进一,卒 7 进 1,相一进三,红方子力灵活,稍占主动。

5. 兵三进一　卒 7 进 1　　6. 相一进三　卒 3 进 1

冲卒活马,简明。

7. 车八退二　卒 3 进 1　　8. 车八平七　马 3 进 4

准备形成子力交换,如马 3 进 2,则马三进四,车 2 平 4,仕四进五,炮 7 平 8,红方以后可以炮五进四,黑方子力分散,红方略优。

9. 马七进六　车 2 平 4　　10. 马三进四　马 4 退 2

双方形成子力交换,局面平稳,黑方满意。

第 2 局　黑两头蛇式

记一记

定式基础:

1. 炮二平五　马 8 进 7

2. 马二进三　卒 7 进 1

3. 车一平二　车 9 平 8

4. 车二进六　马 2 进 3

5. 炮八平六　卒 3 进 1

6. 马八进九　炮 2 进 1

讲一讲

1. 炮二平五　马 8 进 7

2. 马二进三　卒 7 进 1

3. 车一平二　车 9 平 8

4. 车二进六　马 2 进 3

5. 炮八平六　卒 3 进 1

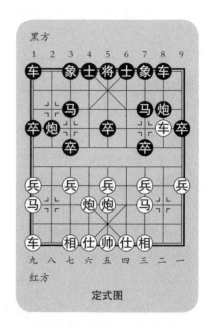

定式图

以屏风马两头蛇应付五六炮，是后手方较为积极的下法。

6. 马八进九　　炮2进1

高炮逐车，最为流行的防御着法。

7. 车二退二　　炮8平9（图8-2-3）

考虑此时红方双车不活且九路车未动，黑方选择平炮兑车是相对稳健的走法。这里要注意一点，此局面与中炮直横车对屏风马两头蛇布局有所不同。后者中，红方九路车已经升起来，兑车以后有车九平二再车二进六的先手，所以黑方不宜走炮8平9，而要象3进5补一着，加强中路防守。本局则因红九路车未动，先行平炮兑车是正确的选择。

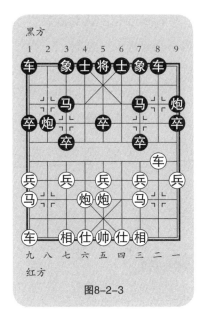

图8-2-3

8. 车二进五　　……

黑方双马位置灵活，红方车无论占据哪条肋线，都容易受到攻击。接受兑车是较为理想的选择。

8. ……　　　马7退8

9. 车九平八　　车1平2

10. 车八进四　……

高车，以后活马。

10. ……　　　象3进5

补厚中路，待机而动。如马8进7，则兵三进一，炮2进1，兵七进一，卒3进1，车八平七，卒7进1，车七平三，马7进6，车三进五，炮9平7，马三进二，象3进5，车三退一，红优。

11. 兵三进一　……

积极活通子力，利用阵形的灵活性对黑方施加压力。如兵九进一则节奏稍缓，以下士4进5，兵三进一，卒7进1，车八平三，车2平4，仕四进五，炮9平6，黑方阵形厚实，黑方满意。

11. ……　　　卒7进1　　12. 车八平三　　士4进5

13. 兵九进一　　炮9平6

为以后马8进9留出位置。

14. 马九进八　马8进9

15. 马三进二　……

控制黑马9进7及其后续反攻手段。

15. ……　　　车2平4（图8-2-4）

保留变化的选择，如改走马9进7兑子，以下马二进三，炮2平7，车三进二，车2进5，炮五进四，马3进5，车三平五，红方多兵稍好。

16. 仕四进五　卒9进1

双方大体均势。

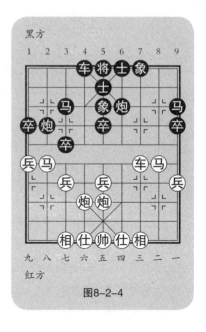

图8-2-4

练一练

根据参考图提示，写出布局演变的过程及主要变着。

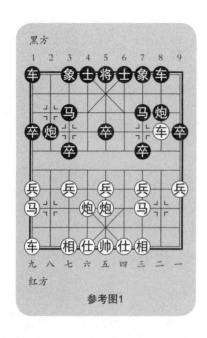

参考图1

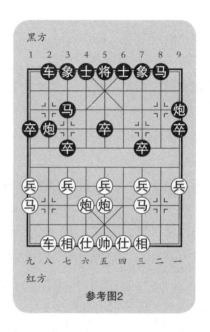

参考图2

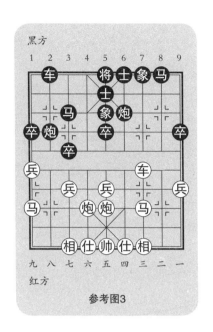

参考图3

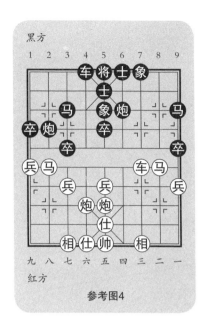

参考图4

想一想

　　根据基本图和对比图两图之中子力位置的不同之处，分析并写出产生棋形差异的原因。（布局提示：双方以五六炮对屏风马进7卒，黑两头蛇变例布局，第16回合的结果图）

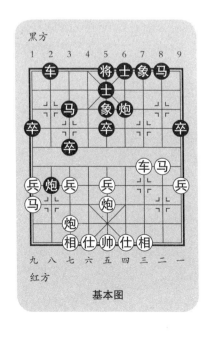

基本图

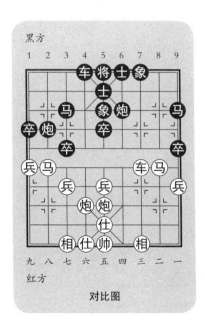

对比图

基本图的布局演变过程:

1. 炮二平五	马8进7	2. 马二进三	卒7进1
3. 车一平二	车9平8	4. 车二进六	马2进3
5. 炮八平六	卒3进1	6. 马八进九	炮2进1
7. 车二退二	炮8平9	8. 车二进五	马7退8
9. 车九平八	车1平2	10. 车八进四	象3进5
11. 兵三进一	卒7进1	12. 车八平三	士4进5
13. 炮六退一	炮9平6	14. 炮六平三	炮6平7
15. 炮三平七	炮2进3	16. 马三进二	炮7平6

产生差异的原因:

对比图第13回合时,红方没有走炮六退一,而是选择仕四进五,经过以下几个回合演变形成对比图结果。

13. 仕四进五	车2平4	14. 兵九进一	炮9平6
15. 马九进八	马8进9	16. 马三进二	卒9进1

打打谱

请同学们把下面两则实战对局的棋谱用棋盘摆出来,在打谱的过程中找一找与定式里讲的棋谱有哪些不同,不同之处在棋谱上标记出来。(注:"!"表示好棋,"?"表示疑问手)

第1局 杭州 赵子雨 和 京冀联队 赵殿宇

2021年全国象棋甲级联赛

1. 炮二平五	马8进7	2. 马二进三	卒7进1
3. 车一平二	车9平8	4. 车二进六	马2进3
5. 炮八平六	卒3进1	6. 马八进九	炮2进1
7. 车二退二	炮8平9	8. 车二进五	马7退8
9. 车九平八	车1平2	10. 车八进四	象3进5
11. 兵三进一	卒7进1	12. 车八平三	士4进5
13. 炮六退一?	炮9平6	14. 炮六平三	炮6平7
15. 炮三平七	炮2进3	16. 马三进二	炮7平6

大体均势。

第2局　石油 连泽特　胜　大连 卜凤波

2019年第四届全国智力运动会象棋比赛

1. 炮二平五	马8进7	2. 马二进三	卒7进1
3. 车一平二	车9平8	4. 车二进六	马2进3
5. 炮八平六	卒3进1	6. 马八进九	炮2进1
7. 车二退二	炮8平9	8. 车二进五	马7退8
9. 车九平八	车1平2	10. 车八进四	象3进5
11. 兵三进一	卒7进1	12. 车八平三	士4进5
13. 炮六退一	炮9平6	14. 马三进二	车2平4 ？
15. 炮六平二	马8进9	16. 炮五平三	车4进6

大体均势。

试一试

第1题　下图轮到红方行棋，红方最佳应法是什么？

红方先行

1. 兵三进一　……

兑兵活马，充分利用巡河车的效率。

1. ……　　　卒7进1

2. 车八平三　马7进6

3. 车三进一　……

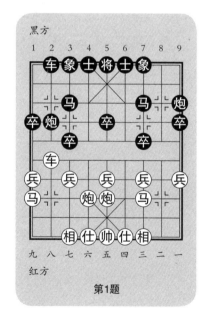

第1题

进车捉马正着。如车三平四捉马，则炮2进1，兵七进一，炮9平6，车四平三，卒3进1，车三平七，象3进5，黑方反先。

3. ……　　　炮2进1

4. 车三进四　象3进5

5. 车三平二　士4进5

6. 马三进二　……

兑马好棋，削弱黑方防守，以后有炮五平二的手段。

6. ……　　　炮9进4		7. 马二进四　炮2平6	
8. 车二退二　炮6退2		9. 炮六进二	

红方先手。

第 2 题　下图局面中轮到黑方行棋，黑方最佳应法是什么？

黑方先行

1. ……　　　　　炮 9 平 7

平炮解决 8 路马的出路，并且吊住红方三路线。

2. 车八平二　　马 8 进 9

3. 炮六平八　　炮 2 平 3

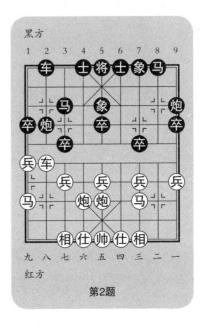

第2题

避免车 2 平 1 退回原位的尴尬，同时也是保留复杂变化的选择。

4. 马九进八　　炮 3 平 2

5. 马八进七　　……

如马八进九，则车 2 平 1，兵九进一，士 4 进 5，随时可马 2 进 1 交换，黑方不差。

5. ……　　　　车 2 平 3

6. 兵七进一　　士 4 进 5

静观其变，好棋。如误走马 3 退 5，红马七进八，以后再车二平六，红方大优。

7. 兵七进一　　象 5 进 3　　　8. 炮八平七　　车 3 平 4

双方对峙。

第9章　五六炮对反宫马布局

第1节　五六炮对反宫马互进三兵（卒）型

第1局　黑飞左象式

记一记

定式基础：

1. 炮二平五　马2进3

2. 马二进三　炮8平6

3. 车一平二　马8进7

4. 兵三进一　卒3进1

5. 马八进九　象7进5

6. 炮八平六　车1平2

讲一讲

1. 炮二平五　马2进3

2. 马二进三　炮8平6

平炮士角，形成反宫马阵势，亦称"夹炮屏风"。主要意图是牵制红方走马八进七，使红方减慢出子的速度。

3. 车一平二　马8进7　　4. 兵三进一　……

红方先进三兵，是出于这样分析，黑方的中卒只有一个三路马保护，三路马不能轻动，所以先制住黑方七路马，然后逐步进攻，这是一种有一定控制力的攻法。

4. ……　　卒3进1　　5. 马八进九　象7进5（图9-1-1）

黑方飞左象，是在"飞右象式"基础上发展起来的一种新式变着，其战术构思是：9路车暂缓出动，以加强左翼的防务，伺机伸展右翼子力对红方左路进行封锁反击。与飞右象、左横车形成"半壁江山"的布置相比，黑飞左象两翼均衡

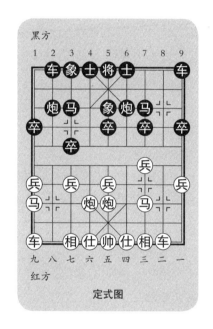

定式图

开展，攻守兼备，使局势更富弹性。

　　6. 炮八平六　　　……

　　至此，弈成了五六炮进三兵对反宫马飞左象的布局阵势。其先手的主要战略是，运用双直车配合六路炮牵制对方，以徐图进取，逐步扩先；而后手方则力求在巩固阵地中争取主动，寻求反击。双方互缠紧凑，对峙性很强，大多是在中残局分高低。

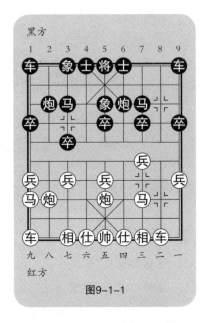

图9-1-1

　　6. ……　　　　车 1 平 2

　　先开车十分重要，便于红方车九平八时，炮 2 进 4 或炮 2 进 2 进行封锁。

　　7. 车九平八　　炮 2 进 4

　　8. 马九退七　　　……

　　退马逐炮消除兵行线的压力，乃类似局面下的惯用战术。

　　8. ……　　　　炮 2 退 1

　　退炮骑河，保持弹性反击，是具有挑战性的下法。如误走炮 2 平 5，则炮五进四反将，黑方当即失子。

　　9. 兵九进一　　　……

　　挺边兵，为以后攻逼黑方骑河炮做好准备，着法稳健。

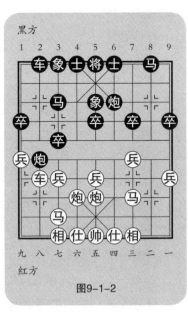

图9-1-2

　　9. ……　　　　车 9 平 8

　　直接兑窝车，避免左马遭到红方的攻击，应着简明。

　　10. 车二进九　　马 7 退 8

　　11. 车八进三　　　……（图9-1-2）

　　高车挤压黑方空间，下一着准备马七进九逼退黑炮。如先走马七进九，则炮2进3，马三进四，士6进5，马四进五，马3进5，炮五进四，马8进6，炮五退二，车2进7，双方对峙。

　　11. ……　　　　炮 6 进 4

进炮过河，是争得对抗形势的关键着法。

12. 马七进九　卒 3 进 1　　13. 炮六平七　……

保留变化的选择，如车八退三，黑方可续走炮 6 平 7，红棋稍显委屈。

13. ……　　　卒 3 进 1　　14. 车八进一　车 2 进 5

15. 马九进八　卒 3 进 1　　16. 马八退七　炮 6 平 7

红方左马已活，不能再让红方抢到马三进四的机会。

17. 相三进一　卒 7 进 1　　18. 兵三进一　象 5 进 7

双方大体均势。

练一练

根据参考图提示，写出布局演变的过程及主要变着。

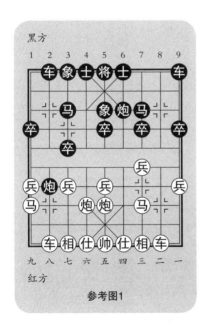

参考图1

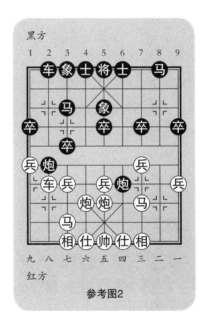

参考图2

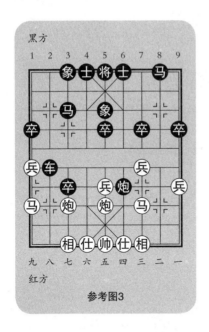

参考图3

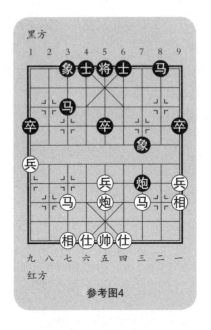

参考图4

想一想

　　根据基本图和对比图两图之中子力位置的不同之处，分析并写出产生棋形差异的原因。[布局提示：双方以五六炮对反宫马互进三兵（卒），黑飞左象变例布局，第12回合的结果图]

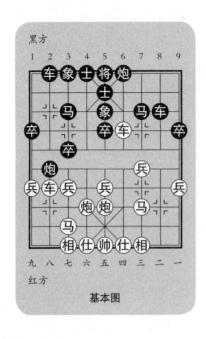

基本图

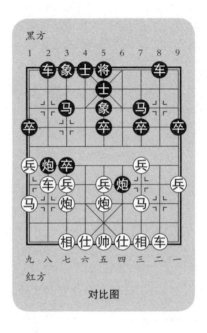

对比图

基本图的布局演变过程：

1. 炮二平五　马2进3	2. 马二进三　炮8平6
3. 车一平二　马8进7	4. 兵三进一　卒3进1
5. 马八进九　象7进5	6. 炮八平六　车1平2
7. 车九平八　炮2进4	8. 马九退七　炮2退1
9. 车二进六　士6进5	10. 车二平三　车9进2
11. 车三平四　炮6退2	12. 车八进三　车9平8

产生差异的原因：

对比图第9回合时，红方没有走车二进六，而是选择车八进三，经过以下几个回合演变形成对比图结果。

9. 车八进三　士6进5	10. 兵九进一　炮6进4
11. 马七进九　卒3进1	12. 炮六平七　车9平8

打打谱

请同学们把下面两则实战对局的棋谱用棋盘摆出来，在打谱的过程中找一找与定式里讲的棋谱有哪些不同，不同之处在棋谱上标记出来。（注："！"表示好棋，"？"表示疑问手）

第1局　杭州 王天一　和　广东 许银川

2019年中国·辉南"龙湾杯"全国象棋精英快棋赛

1. 炮二平五　马2进3	2. 马二进三　炮8平6
3. 车一平二　马8进7	4. 兵三进一　卒3进1
5. 马八进九　象7进5	6. 炮八平六　车1平2
7. 车九平八　炮2进4	8. 马九退七　炮2退1
9. 兵九进一　车9平8	10. 车二进九　马7退8
11. 车八进三　炮6进4	12. 马七进九　卒3进1
13. 炮六平七　卒3进1	14. 车八进一　车2进5
15. 马九进八　卒3进1	16. 马八退七　炮6平7
17. 马三退五　卒7进1	18. 兵三进一　象5进7

大体均势。

第2局 河南 金波 和 上海金外滩 孙勇征

2012年全国象棋甲级联赛

1. 炮二平五	马2进3	2. 马二进三	炮8平6
3. 车一平二	马8进7	4. 兵三进一	卒3进1
5. 马八进九	象7进5	6. 炮八平六	车1平2
7. 车九平八	炮2进4	8. 马九退七	炮2退1
9. 兵九进一	车9平8	10. 车二进九	马7退8
11. 车八进三	炮6进4	12. 马七进九	卒3进1
13. 炮六平七	卒3进1	14. 车八进一	车2进5
15. 马九进八	卒3进1	16. 马三进四	卒3平4
17. 炮五平一	马8进7	18. 仕四进五	炮6平8？

红方稍好。

试一试

第1题 下图轮到红方行棋，红方最佳应法是什么?

1. 车八进三 ……

高车的同时压缩黑方空间。

1. …… 炮6进4

进炮牵制好棋。

2. 炮六平七 车2进4

3. 车二进七 ……

把黑方9路车调到象位，保留变化的选择。如马七进九，炮2平4，车八进二，马3进2，车二进七，炮4退3，兑车后，局面较为平稳。

3. …… 车9平7

4. 马七进九 炮2平4

5. 车八进二 马3进2

6. 炮五退一 马2进1

7. 炮七退一 ……

不给黑方卒3进1借机活马。

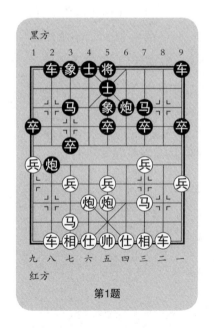

第1题

7.……   炮6平7   8.相三进五

红方稍好。

第2题 下图局面中轮到黑方行棋，黑方最佳应法是什么？

1.……   车9平8

兑车好棋，是对红方右车过河的积极回应。

2.车二进三   ……

如改走车二平三，则炮6进4，车三平四，炮6平7，相三进一，士6进5，车四退三，炮7平8，兵九进一，马3进4，黑方子力活跃，反先。

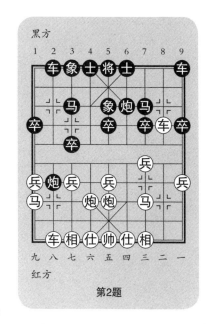

第2题

2.……   马7退8

3.车八进一   士6进5

4.车八平二   马8进9

5.兵九进一   ……

先调整左马，正确。如直接走炮六平八，炮2平5，马三进五，车2进7，兵九进一，象5退7，以后黑方再炮6平4协调阵形，黑方满意。

5.……   车2进3

准备车2平4投入战场。

6.车二进六   ……

如改车二平七，则车2平4，仕四进五，车4进2，车七平八，炮2平1，车八进二，车4平1，兵五进一，卒9进1，黑方略好。

6.……   象5退7   7.兵五进一   炮6平4

8.车二退二   象3进5

黑方易走。

第2局　黑飞右象式

记一记

定式基础：

1. 炮二平五　　马2进3

2. 马二进三　　炮8平6

3. 车一平二　　马8进7

4. 兵三进一　　卒3进1

5. 马八进九　　象3进5

6. 炮八平六　　车9进1

讲一讲

1. 炮二平五　　马2进3

2. 马二进三　　炮8平6

3. 车一平二　　马8进7

4. 兵三进一　　卒3进1

5. 马八进九　　象3进5

黑方飞右象，其构思是下步走车9进1，再横车过宫，布成左柔右刚的阵势。

6. 炮八平六　　……

至此，定型为五六炮进三路兵对反宫马飞右象的阵势。

6. ……　　　　车9进1（图9-1-3）

黑起横车准备调到右翼，是飞右象式的重要部署，对红五七炮可行，对红五六炮同样适用。

7. 车九平八　　车1平2

8. 车八进四　　……

进巡河车，是稳健的着法。

8. ……　　　　车9平4　　　9. 仕四进五　　士4进5

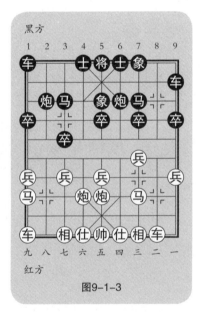

定式图

图9-1-3

10. 兵九进一 ……（图9-1-4）

稳健的选择。如改走马三进四，炮6进2，炮五平三，炮2平1，车八平五，车4进3，兵九进一，卒5进1，车五平八，车4退1，黑方满意。

10. …… 炮2平1　　11. 车八平五 ……

平中车保持子力的灵活性，是对车八平四的改进。

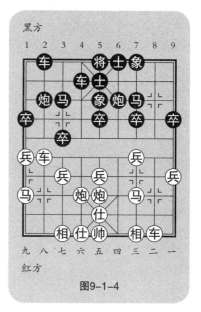

图9-1-4

11. …… 马3进2

进马为炮1平3留出位置，准备发动卒3进1的反击。

12. 炮五平四 ……

准备调整阵形，解决七路底相的弱点。

12. …… 炮6进2

13. 相三进五 卒3进1

14. 兵七进一 车4进3

黑方严阵以待，双方对峙。

练一练

根据参考图提示，写出布局演变的过程及主要变着。

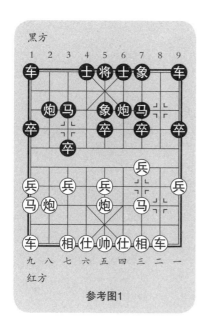

参考图1

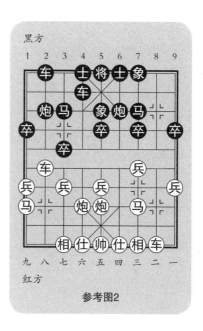

参考图2

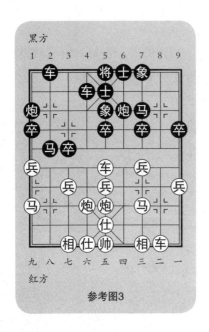

参考图3

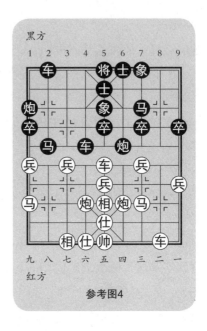

参考图4

想一想

根据基本图和对比图两图之中子力位置的不同之处，分析并写出产生棋形差异的原因。［布局提示：双方以以五六炮对反宫马互进三兵（卒），黑飞右象变例布局，第10回合的结果图］

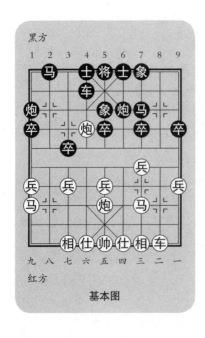

基本图

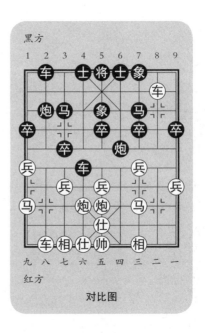

对比图

基本图的布局演变过程：

1. 炮二平五　马2进3	2. 马二进三　炮8平6
3. 车一平二　马8进7	4. 兵三进一　卒3进1
5. 马八进九　车9进1	6. 炮八平六　象3进5
7. 车九平八　车1平2	8. 车八进六　车9平4
9. 炮六进四　炮2平1	10. 车八进三　马3退2

产生差异的原因：

对比图第8回合时，红方没有走车八进六，而是选择兵九进一，经过以下几个回合演变形成对比图结果。

| 8. 兵九进一　车9平4 | 9. 仕四进五　车4进4 |
| 10. 车二进八　炮6进2 | |

打打谱

请同学们把下面两则实战对局的棋谱用棋盘摆出来，在打谱的过程中找一找与定式里讲的棋谱有哪些不同，不同之处在棋谱上标记出来。（注："！"表示好棋，"？"表示疑问手）

第1局　河南 武俊强　胜　深圳 黄海林

2021年全国象棋甲级联赛

1. 炮二平五　马2进3	2. 马二进三　炮8平6
3. 车一平二　马8进7	4. 兵三进一　卒3进1
5. 马八进九　象3进5	6. 炮八平六　车9进1
7. 车九平八　车1平2	8. 仕四进五　车9平4
9. 车八进四　士4进5	10. 马三进二　卒3进1？
11. 车八平七　炮2退1？	12. 炮五平三　炮2平3
13. 车七平五　车4进5	14. 相三进五　马3进4
15. 炮六进三　车4退2	16. 马二进三　车2进2

红方大优。

第2局　广东 陈丽淳　胜　河北 张婷婷

2018年全国象棋女子甲级联赛

| 1. 炮二平五　马2进3 | 2. 马二进三　炮8平6 |
| 3. 车一平二　马8进7 | 4. 兵三进一　卒3进1 |

5. 马八进九　　象3进5　　　6. 炮八平六　　车9进1

7. 车九平八　　车1平2　　　8. 车八进四　　车9平4

9. 仕四进五　　士4进5　　　10. 兵九进一　　炮2平1

11. 车八平五　　车4进3　　　12. 车二进六　　卒7进1

13. 车二平三　　马7退8　　　14. 马九进八　　卒3进1

15. 车五平七　　炮1进3？　　16. 马八进七　　炮1平7

红方优势。

试一试

第1题　下图轮到红方行棋，红方最佳应法是什么？

1. 兵三进一　　象5进7

2. 车五平三　　象7进5

3. 车二进六　　……

进车攻马紧凑有力。

3. ……　　　　马7进6

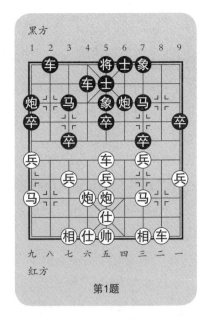

第1题

如改走炮6退1，则车三平四，炮6平7，马三进二，车4进5，炮五平三，马7退9，车二平三，炮7进1，红方以后可炮三进一打车，空间优势进一步扩展。

4. 车二平四　　车4进4

5. 兵五进一　　……

拦车好棋，黑方左翼阵形被切割开。

5. ……　　　　马6退4

6. 炮六进四　　炮1进3

红方六路马无处可逃，黑方并不急于吃子。

7. 马三进五　　车2进3　　　8. 炮六进二　　……

进炮巧手，黑方不得用肋车吃炮。

8. ……　　　　车4退4　　　9. 兵五进一　　炮1进1

10. 马五退三

红方主动。

第2题 下图局面中轮到黑方行棋，黑方最佳应法是什么?

1. …… 车9平2

黑方联车以变制变，应着正确。

2. 炮六进四 炮2平1

3. 车八进二 ……

如车八平七，则前车进4，红方子力受制。

3. …… 车2进1

4. 炮六平三 车2进4

进车骑河，控制要点。

5. 兵三进一 士6进5

6. 仕四进五 ……

如兵三平四，车2平7，马三进二，炮1进4，黑方有反击。

6. …… 卒1进1

7. 马三进二 车2平6

8. 马二进四 炮6进1

双方相峙，大体均势。

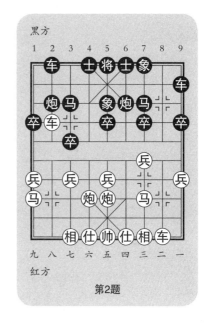

第2题

第2节　五六炮对反宫马互进七兵（卒）型

第1局　黑补左士式

记一记

定式基础：

1. 炮二平五　　马2进3

2. 马二进三　　炮8平6

3. 车一平二　　马8进7

4. 炮八平六　　车1平2

5. 马八进七　　炮2平1

6. 兵七进一　　卒7进1

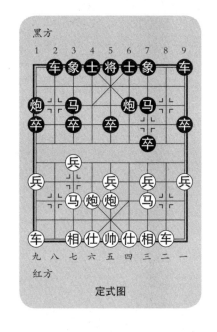

定式图

讲一讲

1. 炮二平五　　马2进3

2. 马二进三　　炮8平6

3. 车一平二　　马8进7

4. 炮八平六　　车1平2

5. 马八进七　　炮2平1

平炮明车，形成双方各控制一侧的对等局面。

6. 兵七进一　　……

红进七路兵，准备跃出左马，是预定的部署。如走兵三进一，卒3进1，红反吃亏。

6. ……　　　　卒7进1

黑方挺7路卒，先开通左翼马路，含有静观其变作用，是对付"五六炮"的常见法。

7. 马七进六　　……

左马盘河控制中心地域。

7. ……　　　　士6进5

黑方补左士，使得黑将免受红方仕角炮的牵制，对早期士4进5的改进。

8. 车九进二 ……（图9-2-1）

红方车九进二，静中待变，较右车过河更为稳健。如车二进六，车9平8，车二平三，炮6退1，马六进七，车2进3，兵七进一，炮6平7，车三平四，炮1退1，马七退五，车2进2，炮六平七，卒7进1，黑方可以挑起复杂的争斗，黑方满意。

8. …… 车9平8

黑主动兑车损失步数，但可简化局势，就全局而言，还是可行的走法。

9. 车二进九 马7退8

10. 炮六平七 ……

平七路炮威胁黑方3路马，积极主动。

10. …… 车2进4

11. 马六进七 象7进5

12. 炮五退一 ……（图9-2-2）

退中炮保持变化的选择。如马七进九，则象3进1，炮七进五，炮6平3，炮五平七，炮3平4，红方行棋稍显迂回，黑方满意。

12. …… 马8进7

13. 炮五平七 车2退1

退车蹩马正着。

14. 马七退六 马3退1

15. 兵七进一 炮6进1

暂时不放弃中卒，保持局面复杂化。

16. 马六进八 炮1平4

双方大体均势。

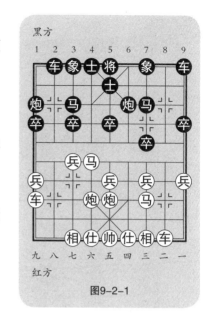

图9-2-1

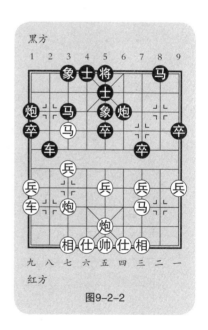

图9-2-2

练一练

根据参考图提示，写出布局演变的过程及主要变着。

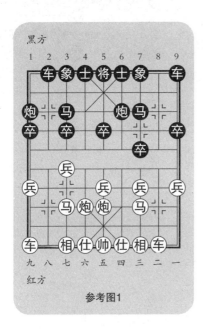

参考图1

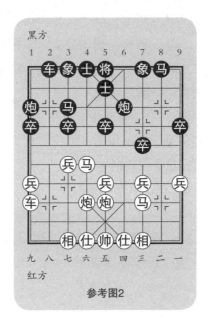

参考图2

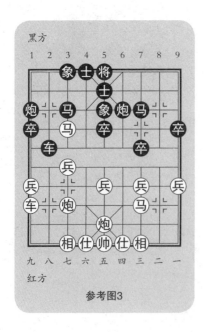

参考图3

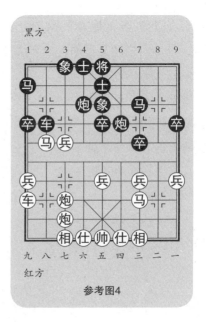

参考图4

想一想

根据基本图和对比图两图之中子力位置的不同之处，分析并写出产生棋形差异的原因。［布局提示：双方以 五六炮对反宫马互进七兵（卒），黑补左士变例布局，第12回合的结果图］

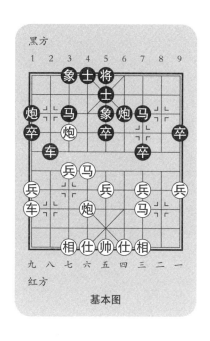

基本图

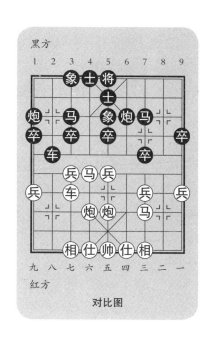

对比图

基本图的布局演变过程：

1. 炮二平五	马2进3	2. 马二进三	炮8平6
3. 车一平二	马8进7	4. 炮八平六	车1平2
5. 马八进七	炮2平1	6. 兵七进一	卒7进1
7. 马七进六	士6进5	8. 车九进二	车9平8
9. 车二进九	马7退8	10. 炮六平七	车2进4
11. 炮七进四	象7进5	12. 炮五平六	马8进7

产生差异的原因：

对比图第10回合时，红方没有走炮六平七，而是选择车九平八，经过以下几个回合演变形成对比图结果。

10. 车九平七	象7进5	11. 车七进一	马8进7
12. 兵五进一	车2进4		

打打谱

请同学们把下面两则实战对局的棋谱用棋盘摆出来，在打谱的过程中找一找与定式里讲的棋谱有哪些不同，不同之处在棋谱上标记出来。（注："！"表示好棋，"？"表示疑问手）

第 1 局　江苏 孙逸阳　和　北京 张强

2013 年石狮"爱乐杯"全国象棋个人赛

1. 炮二平五　马 2 进 3　　2. 马二进三　炮 8 平 6

3. 车一平二　马 8 进 7　　4. 炮八平六　车 1 平 2

5. 马八进七　炮 2 平 1　　6. 兵七进一　卒 7 进 1

7. 马七进六　士 6 进 5　　8. 车九进二　车 9 平 8

9. 车二进九　马 7 退 8　　10. 炮六平七　象 7 进 5

11. 车九平八　车 2 进 7　　12. 炮五平八　炮 1 进 4

13. 炮七进四　马 8 进 7　　14. 相三进五　卒 1 进 1

15. 炮八进五　炮 1 平 7　　16. 兵七进一！卒 9 进 1

大体均势。

第 2 局　黑龙江 崔革　和　内蒙古 洪智

2017 年全国象棋甲级联赛

1. 炮二平五　马 2 进 3　　2. 马二进三　炮 8 平 6

3. 车一平二　马 8 进 7　　4. 兵七进一　炮 2 平 1

5. 炮八平六　车 1 平 2　　6. 马八进七　卒 7 进 1

7. 马七进六　士 6 进 5　　8. 车九进二　车 9 平 8

9. 车二进九　马 7 退 8　　10. 炮六平七　象 7 进 5

11. 车九平八　车 2 进 7　　12. 炮五平八　炮 1 进 4

13. 炮七进四　马 8 进 7　　14. 相三进五　炮 1 平 7

15. 炮八进五？卒 1 进 1　　16. 兵七进一　卒 1 进 1

大体均势。

试一试

第1题　下图轮到红方行棋，红方最佳应法是什么?

红方先行

1. 炮五退一　……

准备以后抢攻黑方3路线。

1. ……　　　　　象7进5

稳健，如车2进1，则兵七进一，车2退2，马六进四，马3退1，马四进六，红方优势。

2. 马六进七　　车2进1

3. 炮五平七　　车2退3

如马3退1示弱，红方有马七进六的机会，黑方陷入苦守。

4. 兵七进一　　象5进3

5. 炮七进四　　炮6进1

6. 后炮退一　　象3进5

7. 车九平四　　……

如前炮退二，则士5进6，马七退六，马3进2，黑方足可抗衡。

7. ……　　　　　象5进3　　　8. 车四进四

红方多象，稍好。

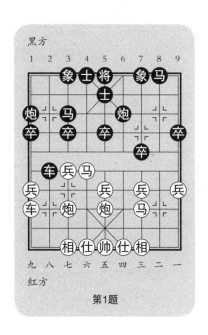

第1题

第2题　下图局面中轮到黑方行棋，黑方最佳应法是什么?

黑方先行

1. ……　　　　　象7进5

飞象巩固中防，正着。

2. 车七进一　　……

守住兵林线的同时，准备兵五进一活通车路。

2. ……　　　　　马8进7

3. 兵五进一　　车2进4

高车稳健，待机而动。

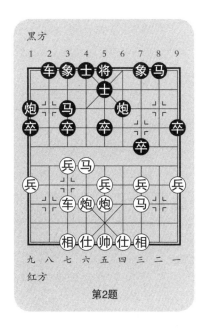

第2题

4. 兵五进一　卒 5 进 1　　　5. 马六进七　……

红方如车七平五，则卒 5 进 1，车五进一，马 7 进 6，马六进七，马 6 进 7，车五进一，车 2 平 5，马七退五，马 7 进 5，相三进五，炮 6 平 9，和势。

5.……　　炮 6 进 3

借中卒之力，准备中路照将。

6. 车七平五　炮 6 平 5　　　7. 炮五进二　卒 5 进 1

8. 车五进一　炮 1 进 4

双方大体均势。

第 2 局　黑飞左象式

记一记

定式基础：

1. 炮二平五　马 2 进 3

2. 马二进三　炮 8 平 6

3. 车一平二　马 8 进 7

4. 炮八平六　车 1 平 2

5. 马八进七　炮 2 平 1

6. 兵七进一　卒 7 进 1

7. 马七进六　象 7 进 5

讲一讲

1. 炮二平五　马 2 进 3

2. 马二进三　炮 8 平 6

3. 车一平二　马 8 进 7

4. 炮八平六　车 1 平 2　　　5. 马八进七　炮 2 平 1

6. 兵七进一　卒 7 进 1　　　7. 马七进六　象 7 进 5

黑方飞左象，含有静观其变之意，比起士 4 进 5 或士 6 进 5 更富有变化

8. 车二进六　……

抢占卒林要道，积极主动。

8.……　　车 2 进 6

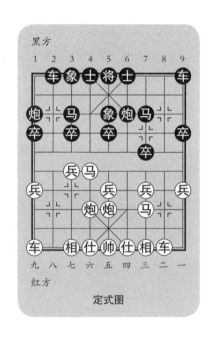

定式图

车至兵线是对抗性较强的着法。过去下法是车2进4巡河，红车二平三，车9平7，车九进二，红方先手。

9. 仕六进五 ……

补仕防黑方车2平4捉马。如车九进二，则车2平4，马六进七，士6进5，车二平三，车9进2，黑方阵形稳固。

9. …… 士6进5

黑方补士，准备弃子取势。

10. 车二平三 ……（图9-2-3）

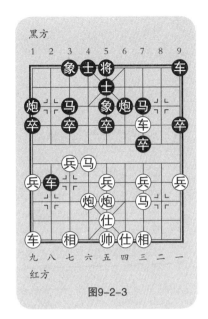

图9-2-3

正着，如马六进七，则马7进6，车二平四，马6进7，马七进九，象3进1，炮五进四，马3进5，车四平五，象1退3，红方虽然取得多兵之利，但是过河车和其他子力缺少配合，黑方阵形厚实，黑方要更满意。

10. …… 车9平7

11. 兵七进一 车2退1

12. 马六进四 卒3进1

冲3卒，黑方有意弃子取势。

13. 车三进一 车7进2

14. 马四进三 卒3进1

抓紧渡卒控制右翼，是黑方争先取势的主要手段。

15. 炮六退二 卒3进1（图9-2-4）

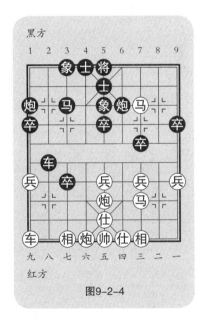

图9-2-4

再冲3卒为2路车的腾挪留出位置。如马3进4，车九平八，车2进4，炮六平八，红方满意。

16. 车九平八 车2平6

双方对峙。

练一练

根据参考图提示，写出布局演变的过程及主要变着。

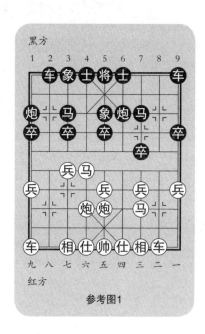

参考图1

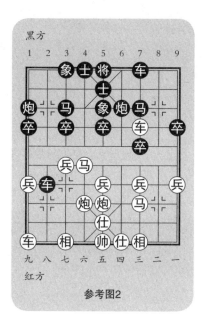

参考图2

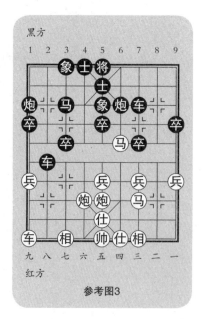

参考图3

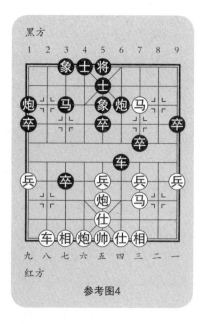

参考图4

想一想

根据基本图和对比图两图之中子力位置的不同之处，分析并写出产生棋形差异的原因。［布局提示：双方以五六炮对反宫马互进七兵（卒），黑飞左象变例布局，第10回合的结果图］

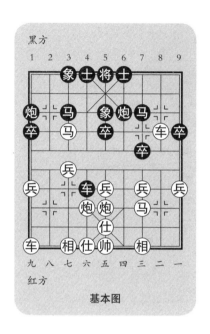

基本图

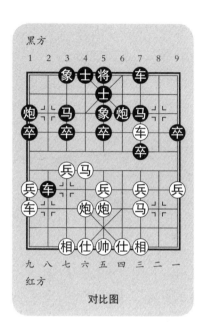

对比图

基本图的布局演变过程：

1. 炮二平五	马2进3	2. 兵七进一	炮8平6
3. 马二进三	马8进7	4. 车一平二	卒7进1
5. 炮八平六	车1平2	6. 马八进七	炮2平1
7. 马七进六	象7进5	8. 车二进六	车2进6
9. 仕四进五	车2平4	10. 马六进七	车9进2

产生差异的原因：

对比图第9回合时，红方没有走仕四进五，而是选择车九进二，经过以下几个回合演变形成对比图结果。

9. 车九进二	士6进5	10. 车二平三	车9平7

打打谱

请同学们把下面两则实战对局的棋谱用棋盘摆出来，在打谱的过程中找一找与定式里讲的棋谱有哪些不同，不同之处在棋谱上标记出来。（注："！"表示好棋，"？"表示疑问手）

第1局　北京威凯建设 唐丹　胜　黑龙江队 王琳娜

2011年全国象棋个人赛

1. 炮二平五	马2进3	2. 马二进三	炮8平6
3. 车一平二	马8进7	4. 炮八平六	车1平2
5. 马八进七	炮2平1	6. 兵七进一	卒7进1
7. 马七进六	象7进5	8. 车二进六	车2进6
9. 仕六进五	士6进5	10. 车二平三	车9平7？
11. 兵七进一	车2退1	12. 马六进四	卒3进1
13. 车三进一	车7进2	14. 马四进三	卒3进1

红方优势。

第2局　广东 许银川　和　上海 万春林

2008年全国象棋甲级联赛

1. 炮二平五	马2进3	2. 马二进三	炮8平6
3. 车一平二	马8进7	4. 炮八平六	车1平2
5. 马八进七	炮2平1	6. 兵七进一	卒7进1
7. 马七进六	士6进5	8. 车二进六	车2进6
9. 仕六进五	象7进5	10. 车二平三	车9平7
11. 兵七进一	车2退1	12. 马六进七	象5进3
13. 兵五进一	车2退2？	14. 车三平五！	马7进6

红方优势。

试一试

第1题 下图轮到红方行棋，红方最佳应法是什么？

红方先行

1. 车二平三　　车9进2

高车保马保持车的灵活性。如车9平7，则车九进二，士6进5，车九平八，车2进3，炮五平八，马7退8，车三进三，象5退7，炮六平七，红方先手。

2. 车九进二　　炮1退1

3. 马六进五　　……

简明，迅速控制中路。

3. ……　　　　马3进5

4. 炮五进四　　炮1平5

5. 炮六平五　　……

保持中路攻势，好棋。

5. ……　　　　车9平8

6. 仕四进五　　炮6退1

7. 炮五退二

红方先手。

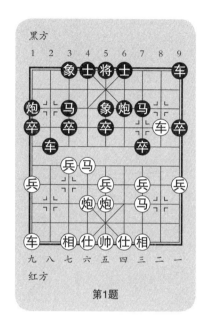

第1题

第2题 下图局面中轮到黑方行棋，黑方最佳应法是什么？

黑方先行

1. ……　　　　车2平4

2. 马六进五　　马3进5

3. 炮五进四　　炮1进4

积极有力。如改走车4退3，红兵五进一，黑反而麻烦。

4. 相七进五　　……

补左相防止右翼空虚，正着。

4. ……　　　　炮6进4

进炮准备闪击红方中路，解除中路威胁。

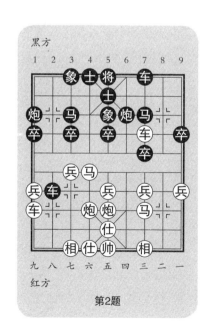

第2题

如改走卒 1 进 1，黑方效果并不理想，变化为炮五退二，卒 1 进 1，炮五平九，炮 1 平 5，炮九进五，炮 6 进 6，马三进五，车 4 平 5，车三平六，对攻中红抢占先机。

5. 炮五平九　　炮 1 平 5

黑炮击中兵是达成均衡局面的有效手段。

6. 马三进五　　车 4 平 5　　　　7. 车三平六　　象 3 进 1

黑方足可抗衡。

第10章 五七炮对反宫马布局

第1节 五七炮进三兵对反宫马型

第1局 红弃双兵式

记一记

定式基础：

1. 炮二平五 马2进3

2. 马二进三 炮8平6

3. 车一平二 马8进7

4. 兵三进一 卒3进1

5. 马八进九 象7进5

6. 炮八平七 车1平2

7. 车九平八 炮2进4

8. 兵七进一 卒3进1

9. 兵三进一 卒7进1

定式图

讲一讲

1. 炮二平五 马2进3

2. 马二进三 炮8平6　　3. 车一平二 马8进7

4. 兵三进一 卒3进1　　5. 马八进九 象7进5

飞左象是对右象的重要改进，使右翼空虚的弱点得到了弥补和加强，使局势更富弹性。

6. 炮八平七 ……

至此，形成"五七炮进三兵对反宫马进3卒上左象"的阵势。

6. …… 车1平2　　7. 车九平八 炮2进4

进炮封车是积极的走法。

101

8. 兵七进一 ……

弃兵主动挑起战火。如改走车二进六，则黑车9平8，车二平三，炮6进4，车三进一，炮6平7，车三平四，炮7进3，仕四进五，炮7平9，黑方弃子抢攻在先而占优。

8. …… 卒3进1 9. 兵三进一 ……（图10-1-1）

形成"五七炮弃双兵对反宫马左象"布局形式。这种布局的特点是先手要以弃三、七路兵为代价，迅速升车巡河捉卒，配合七路炮攻击黑方右翼，挑起激烈复杂的对攻。后手对先手的挑战，则是以攻为守，互相对攻；或者避其锐气，待机反击；或者强制交换主力，转成无车棋，以马炮残局的功夫决定胜负。

9. …… 卒7进1

接受弃兵导致局势复杂化。

10. 车二进四 ……

红方弃七兵、献三兵，然后升车巡河捉卒，配合七路炮攻击黑方3路马，次序井然，战法积极，俗称"五七炮弃双兵"。

10. …… 炮2平3

平炮兑，准备弃卒谋相，展开对攻。

11. 车八进九 炮3进3

12. 仕六进五 马3退2

13. 炮五进四 ……（图10-1-2）

炮取中卒有利于发展攻势，如改炮七平六，卒3进1，马九进七，马2进3，黑可抗衡。

13. …… 士6进5

黑上左士老练。如错走士4进5，则炮七平五，马2进3，车二平七，炮3平1，马三进四，红方占优。

14. 炮五退一 ……

红炮取卒镇中路，巡河车在明处，现退一步炮静观其变。

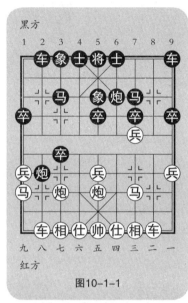

图10-1-1

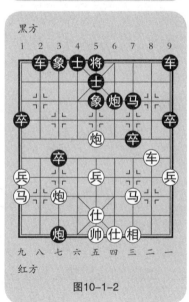

图10-1-2

14. ⋯⋯　　马2进3　　15. 相三进五　卒3进1

16. 炮七进五　炮3退7　　17. 马九进七　车9平6

双方对峙。

练一练

根据参考图提示，写出布局演变的过程及主要变着。

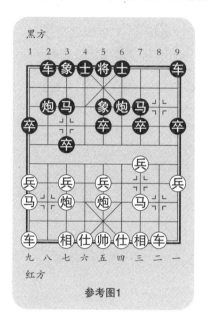

参考图1

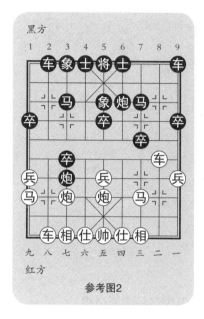

参考图2

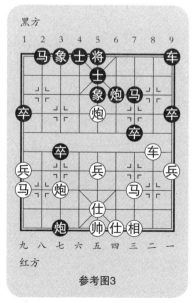

参考图3

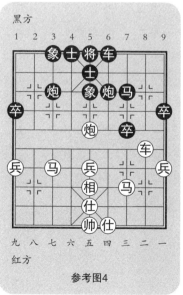

参考图4

想一想

　　根据基本图和对比图两图之中子力位置的不同之处，分析并写出产生棋形差异的原因。（布局提示：双方以五七炮进三兵对反宫马，红弃双兵变例布局，第16回合的结果图）

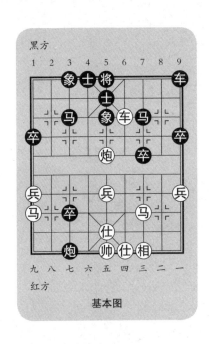

基本图

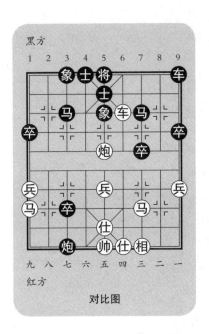

对比图

基本图的布局演变过程：

1. 炮二平五　马2进3	2. 马二进三　炮8平6
3. 车一平二　马8进7	4. 马八进九　象7进5
5. 炮八平七　车1平2	6. 车九平八　炮2进4
7. 兵三进一　卒3进1	8. 兵七进一　卒3进1
9. 兵三进一　卒7进1	10. 车二进四　炮2平3
11. 车八进九　炮3进3	12. 仕六进五　马3退2
13. 炮五进四　士6进5	14. 车二平四　马2进3
15. 炮五退一　卒3进1	16. 车四进三　卒3进1

产生差异的原因：

　　对比图第14回合时，红方没有走车二平四，而是选择车七退一，经过以下几个回合演变形成对比图结果。

14. 车二平七　马2进3　　　15. 炮七平五　马3进5

16. 炮五进四　炮6进4

打打谱

请同学们把下面两则实战对局的棋谱用棋盘摆出来，在打谱的过程中找一找与定式里讲的棋谱有哪些不同，不同之处在棋谱上标记出来。（注："！"表示好棋，"？"表示疑问手）

第1局　江苏 徐超　和　黑龙江 聂铁文

2019 年全国象棋甲级联赛

1. 炮二平五　马2进3　　　2. 马二进三　炮8平6

3. 车一平二　马8进7　　　4. 兵三进一　卒3进1

5. 马八进九　象7进5　　　6. 炮八平七　车1平2

7. 车九平八　炮2进4　　　8. 兵七进一　卒3进1

9. 兵三进一　卒7进1　　　10. 车二进四　炮2平3

11. 车八进九　炮3进3　　　12. 仕六进五　马3退2

13. 炮五进四　士6进5　　　14. 炮五退一　马2进3

15. 车二平四　车9平6　　　16. 相三进五　卒3进1

大体均势。

第2局　河北 申鹏　负　广东 许银川

2003 年全国象棋甲级联赛

1. 炮二平五　马2进3　　　2. 马二进三　炮8平6

3. 车一平二　马8进7　　　4. 兵三进一　卒3进1

5. 马八进九　象7进5　　　6. 炮八平七　车1平2

7. 车九平八　炮2进4　　　8. 兵七进一　卒3进1

9. 兵三进一　卒7进1　　　10. 车二进四　炮2平3

11. 车八进九　炮3进3　　　12. 仕六进五　马3退2

13. 炮五进四　士6进5　　　14. 炮五退一　马2进3

15. 相三进五　卒3进1　　　16. 马九进七！炮3退3

大体均势。

试一试

第 1 题　下图轮到红方行棋，红方最佳应法是什么？

红方先行

1. 马九进七　……

正着。如先走炮七进五，则炮 6 平 3，马九进七，车 9 进 1，马七进六，炮 3 平 4，车二平七，车 9 平 6，马三进四，车 2 进 4，双方互缠。

1. ……　　　车 9 进 1

2. 车二平四　……

阻止黑车过宫支援右翼。

2. ……　　　士 4 进 5

3. 炮五平四　炮 2 退 2

如误走炮 6 进 5，则炮七进五，黑方失子。

4. 车四平五　炮 2 平 5

5. 车八进九　马 3 退 2

6. 相三进五　……

稳健，不给黑方卒 7 进 1 的机会。

6. ……　　　士 5 退 4

7. 马七进六

红方主动。

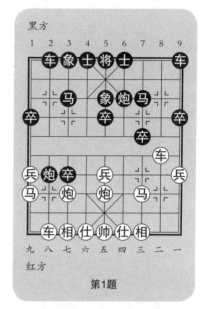

第1题

第 2 题　下图局面中轮到黑方行棋，黑方最佳应法是什么？

黑方先行

1. ……　　　炮 6 进 4

升炮形成"双炮过河"是正着。

2. 车二平八　……

正确的抉择。如改走马九进八，则炮 6 平 7，相三进一，车 9 进 1，黑方主动。

2. ……　　　车 2 进 5　　3. 马九进八　炮 6 平 7

争先之着。如改走马 3 进 2，则兵五进一，马 2 进 4，马八进七！兑子后，黑方晚车，显然不利。

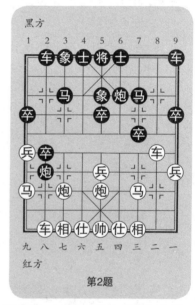

第2题

4. 相三进一　　马3进2　　　5. 兵五进一　　炮2平6

黑方以后视势出动左车足可与红方抗衡。

第2局　红挺边兵式

记一记

定式基础：

1. 炮二平五　　马2进3

2. 马二进三　　炮8平6

3. 车一平二　　马8进7

4. 兵三进一　　卒3进1

5. 马八进九　　象7进5

6. 炮八平七　　车1平2

7. 车九平八　　炮2进4

8. 兵九进一　　士6进5

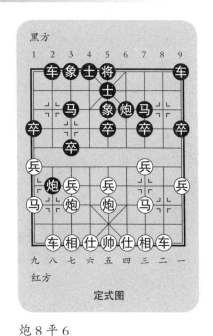

定式图

讲一讲

1. 炮二平五　　马2进3　　　2. 马二进三　　炮8平6

3. 车一平二　　马8进7

4. 兵三进一　　卒3进1

5. 马八进九　　象7进5

6. 炮八平七　　车1平2

7. 车九平八　　炮2进4

8. 兵九进一　　……

红挺边兵活马，稳步进取的走法。

8. ……　　　　士6进5

9. 兵五进一　　……

挺起中兵是挺边兵时的既定方针，它避开了黑右炮打兵的可能，同时活通了左车，一着两用。但本身也显得虚浮，互有利弊的下法。

9. ……　　　　车9平6（图10-1-3）

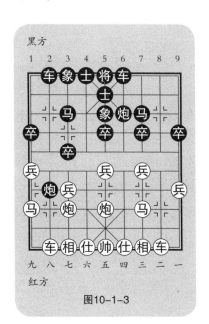

图10-1-3

这一着平车，威胁炮6进5兑炮，可以逼迫红方进仕，是重要的"顿挫"手法。如改走车9平8，车二进九，马7退8，车八进一！，红车迅速调到右翼，具有优势。

10. 炮五平四 ……

平炮打车着法强硬，如改走仕六进五就显得有些软弱，黑则车6平8，兑车后红方左车被封，黑方也可满意。

10. …… 车6平8

黑如改走炮6进7，则红相三进五，炮6平4，帅五平六，形成黑炮换双仕的局面，现黑一时也无非常有效的进攻手段。

11. 车二进九 马7退8 12. 车八进一 马3进4

13. 相三进五 ……

红方飞相，是正着。如改走车八平二，则黑马8进7，车二进五，马4进5，黑方即可反先。

13. …… 马4退6 14. 车八平二 ……

如先走马三进四，则马6进5，马四进三，马8进7，黑方易走。

14. …… 马8进7 15. 炮四进五 士5进6

16. 马三进四 ……

如车二进六，则马6进5，仕四进五，炮2进2，车二平三，车2进7，车三退一，车2平1，黑方得回失子后，稍占主动。

16. …… 炮2进2

17. 相五退三 ……（图10-1-4）

保留变化的选择，则马四进五，士6退5，兵五进一，车2进7，炮七平六，车2平1，车二平八，车1平4，车八平四，马7进5，车四进五，马5退3，车四平七，车4退5，兵五平六，马3退2，兵六平七，象5进3，车七平三，红方要在下风中求和。

17. …… 士6退5

18. 炮七平三 马6进5

双方对攻，互有顾忌。

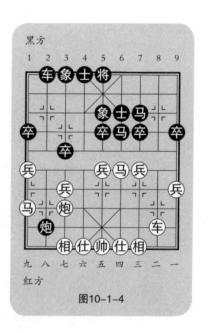

图10-1-4

练一练

根据参考图提示，写出布局演变的过程及主要变着。

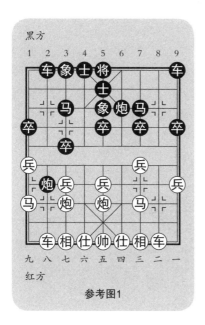

参考图1

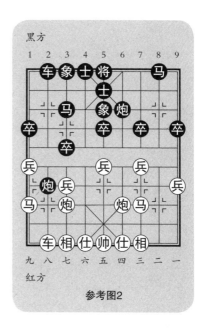

参考图2

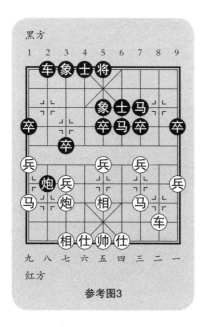

参考图3

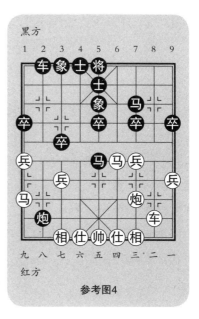

参考图4

象棋布局轻松学—— 相、马、兵类

想一想

根据基本图和对比图两图之中子力位置的不同之处，分析并写出产生棋形差异的原因。（布局提示：双方以五七炮进三兵对反宫马，红挺边兵变例布局，第10回合的结果图）

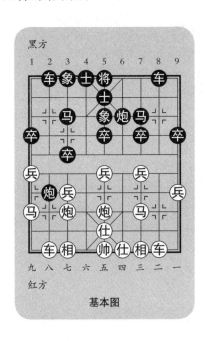

基本图

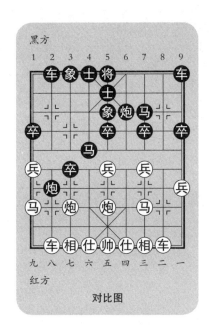

对比图

基本图的布局演变过程：

1. 炮二平五	马2进3	2. 马二进三	炮8平6
3. 车一平二	马8进7	4. 兵三进一	卒3进1
5. 马八进九	象7进5	6. 炮八平七	车1平2
7. 车九平八	炮2进4	8. 兵九进一	士6进5
9. 兵五进一	车9平7	10. 仕六进五	车7平8

产生差异的原因：

对比图第9回合时，黑方没有走车9平7，而是选择马3进4，经过以下几个回合演变形成对比图结果。

9. ……	马3进4	10. 兵七进一	卒3进1

打打谱

请同学们把下面两则实战对局的棋谱用棋盘摆出来，在打谱的过程中找一找与定式里讲的棋谱有哪些不同，不同之处在棋谱上标记出来。（注："！"表示好棋，"？"表示疑问手）

第1局　南方队 徐超　和　北方队 蒋川

2021年第五届"吉视传媒杯"象棋全国冠军南北对抗赛

1. 炮二平五	马2进3	2. 马二进三	炮8平6
3. 车一平二	马8进7	4. 兵三进一	卒3进1
5. 马八进九	象7进5	6. 炮八平七	车1平2
7. 车九平八	炮2进4	8. 兵九进一	士6进5
9. 兵五进一	车9平6	10. 炮五平四	炮6进7
11. 相三进五	炮6平4	12. 帅五平六	马3进4
13. 马三进二	马4进5	14. 车八进一	车2进3
15. 帅六平五	卒3进1	16. 马二进三	马5进3？

红方优势。

第2局　山西 周军　负　内蒙古 洪智

2016年"宝宝杯"象棋大师公开邀请赛

1. 炮二平五	马2进3	2. 马二进三	炮8平6
3. 车一平二	马8进7	4. 兵三进一	卒3进1
5. 马八进九	象7进5	6. 炮八平七	车1平2
7. 车九平八	炮2进4	8. 兵九进一	士6进5
9. 兵五进一	马3进4	10. 炮五进四	马4退6
11. 仕四进五	马6进5	12. 炮五退一	炮6进4
13. 兵七进一	车9平6	14. 兵七进一	马5退3
15. 炮五退二	马3进4	16. 仕五进六？	炮2进1

黑方易走。

试一试

第 1 题　下图轮到红方行棋，红方最佳应法是什么？

红方先行

1. 兵七进一　　　卒 3 进 1

2. 炮五进四　　　……

打中卒是红方弃七兵的后续手段，伏有车八进三吃炮的先手。

2. ……　　　　马 4 进 3

3. 兵五进一　　　炮 6 进 5

4. 炮七进二　　　炮 2 进 1

5. 马三进四　　　……

正着，如相三进五，则炮 6 进 1，车二进一，车 9 平 6，马三进五，马 7 进 5，兵五进一，马 3 进 4，黑方有攻势。

5. ……　　　　马 7 进 5

6. 兵五进一　　　炮 6 平 1

7. 相七进九　　　车 9 平 6　　　8. 马四退五

红方稍好。

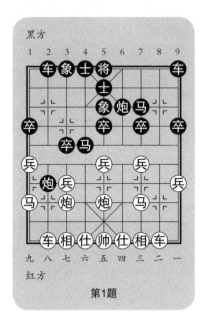

第1题

第 2 题　下图局面中轮到黑方行棋，黑方最佳应法是什么？

黑方先行

1. ……　　　　马 3 进 4

2. 炮四平七　　　卒 7 进 1

如改走炮 2 平 5 简化局势，则仕六进五，车 2 进 9，马九退八，卒 7 进 1，马八进九，红方子力活跃，稳持先手。

3. 车二进三　　　炮 2 进 2

4. 车二平六　　　马 4 退 6

5. 马三进五　　　象 3 进 1

双方对峙。

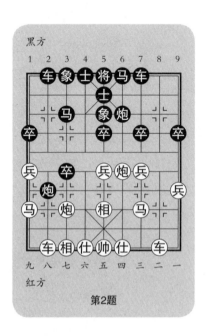

第2题

第2节　五七炮对反宫马进7卒型

第1局　黑左马盘河式

记一记

定式基础：

1. 炮二平五　　马2进3
2. 马二进三　　炮8平6
3. 车一平二　　马8进7
4. 马八进九　　卒7进1
5. 炮八平七　　马7进6
6. 车九平八　　车1平2

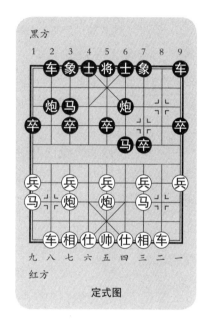

定式图

讲一讲

1. 炮二平五　　马2进3
2. 马二进三　　炮8平6
3. 车一平二　　马8进7
4. 马八进九　　卒7进1
5. 炮八平七　　马7进6

黑方迅即跃马，有随时马6进4入侵的手段，是一种牵制战术。

6. 车九平八　　炮2平1

黑平边炮，不急于出车保炮，是对全局形势的发展做出的正确判断的选择。如果走车1平2，则车八进四，黑方因单马护守中卒而不能炮2平1自然邀兑。红方占优。

7. 车八进四　　……

左车巡河，保留车二进六的选择，方向正确，并在无形之中限制了黑方走成"右象左横车"的理想阵势。

7. …… 象 7 进 5（图10-2-1）

黑方飞左象，可随时出象位车投入反击，应着灵活。如仍按应付右车巡河的思路而走象3进5或车9进1，显然已不适宜，以下红有兵三进一再车二进五的攻击手段，黑要吃亏。

8. 炮七进四 车 9 平 7

如改走士4进5，则车二进六，卒1进1，车二平四，马6进7，炮五平七，炮1进4，兵七进一，卒1进1，车八进一，形成黑方多卒、红方取势的两分局面，红方易走。

9. 兵七进一 士 4 进 5

10. 炮七平一 ……

谋卒为中残局阶段积累物质优势，同时红方战略也发生改变——不与黑方做更多的正面纠缠，准备打阵地战。

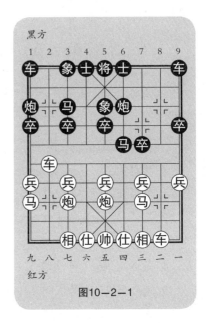

图10-2-1

10. …… 车 1 平 2

11. 车八进五 马 3 退 2

12. 兵七进一 ……（图10-2-2）

弃兵的作用是炮打中卒后获得一个先手，不给黑方过多的调整机会。如果直接走炮五进四，则炮6平9，炮五退一，车7进3，炮一退二，车7平5，兵五进一，马6进7，车二进四，炮1平4，黑方子力位置得到调整，黑方满意。

12. …… 象 5 进 3

13. 炮五进四 象 3 退 5

14. 炮五退一 炮 6 平 9

双方大体均势。

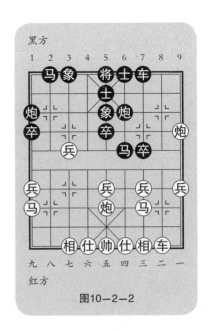

图10-2-2

练一练

根据参考图提示，写出布局演变的过程及主要变着。

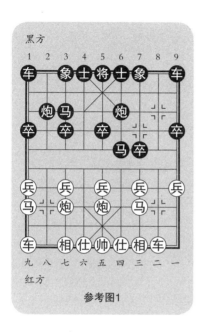

参考图1

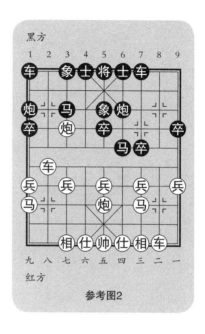

参考图2

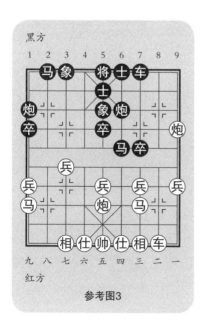

参考图3

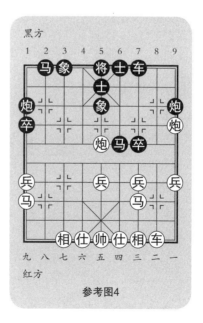

参考图4

想一想

根据基本图和对比图两图之中子力位置的不同之处，分析并写出产生棋形差异的原因。（布局提示：双方以五七炮对反宫马进7卒，黑左马盘河变例布局，第10回合的结果图）

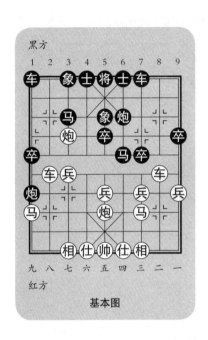

基本图

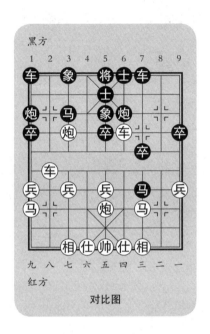

对比图

基本图的布局演变过程：

1. 炮二平五　马2进3　　　2. 马二进三　炮8平6

3. 车一平二　马8进7　　　4. 马八进九　卒7进1

5. 炮八平七　马7进6　　　6. 车九平八　炮2平1

7. 车八进四　象7进5　　　8. 炮七进四　车9平7

9. 车二进四　卒1进1　　　10. 兵七进一　炮1进4

产生差异的原因：

对比图第9回合时，红方没有走车二进四，而是选择车二进六，经过以下几个回合演变形成对比图结果。

9. 车二进六　士4进5　　　10. 车二平四　马6进7

打打谱

请同学们把下面两则实战对局的棋谱用棋盘摆出来，在打谱的过程中找一找与定式里讲的棋谱有哪些不同，不同之处在棋谱上标记出来。（注："！"表示好棋，"？"表示疑问手）

第1局　上海 洪智　胜　黑龙江 崔革
2020年全国象棋甲级联赛

1. 炮二平五	马2进3	2. 马二进三	炮8平6
3. 车一平二	马8进7	4. 马八进九	卒7进1
5. 炮八平七	马7进6	6. 车九平八	车1平2
7. 车八进四	象7进5	8. 车二进六	士6进5
9. 炮七进四	卒7进1	10. 车二平四	卒7进1
11. 车四退一	卒7进1	12. 兵七进一	炮6平7
13. 相三进一	炮2平1？	14. 炮五进四	车9平6

红方稍好。

第2局　火车头 于幼华　胜　上海 林宏敏
1987年"奔马杯"象棋大师赛

1. 炮二平五	马2进3	2. 马二进三	炮8平6
3. 车一平二	马8进7	4. 马八进九	卒7进1
5. 炮八平七	马7进6	6. 车九平八	炮2平1
7. 车八进四	象7进5	8. 炮七进四	车9平7
9. 炮五退一	士4进5	10. 相三进五	卒1进1！
11. 炮七平一	炮1进4	12. 炮一退一	卒1进1
13. 车八平七	马6退4	14. 车七平二	炮1平2

大体均势。

试一试

第1题 下图轮到红方行棋，红方最佳应法是什么？

红方先行

1. 车八进四 ……

高车静观其变，稳健。

1. …… 象7进5

保留车9平7出象位车的机会。

2. 车二进六 ……

右车过河也是必走之着。如炮七进四，则车9平7，兵九进一，马6进7，车二进四，炮2进2，双方容易形成僵持的局面。

2. …… 士6进5

3. 车二平四 ……

准备打通黑方卒林线。

3. …… 马6进7

4. 炮五进四 马3进5

5. 车四平五 卒3进1 6. 车五平九

红方多兵易走。

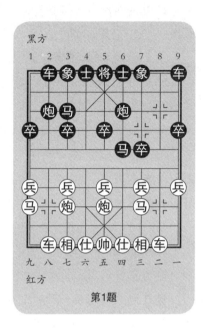

第1题

第2题 下图局面中轮到黑方行棋，黑方最佳应法是什么？

黑方先行

1. …… 车1平2

黑方7路马先不定位，保留变化。如直接走马6进7，则车九平八，车1平2，车八进四，红方双车位置更理想，红方易走。

2. 车九平八 象3进5

飞象协调阵形，正着。

3. 兵九进一 车9进1

起横车是黑方反击的要点。

4. 车八进六 ……

如车八进四，车9平4，仕四进五，马6进7，

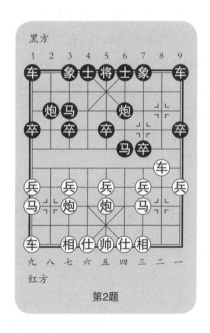

第2题

红方双车位置稍显重复，黑方易走。

　4.……　　　　车9平4　　5.兵七进一　　士4进5

　6.炮七进四　　……

准备捞取物质优势，以后待机再炮七平一获得多兵之利。

　6.……　　　　炮2平1　　7.车八进三　　马3退2

兑车后，黑方易走。

第2局　黑右直车式

记一记

定式基础：

　1.炮二平五　　马2进3

　2.马二进三　　炮8平6

　3.车一平二　　马8进7

　4.马八进九　　卒7进1

　5.炮八平七　　车1平2

　6.车九平八　　炮2进4

讲一讲

　1.炮二平五　　马2进3

　2.马二进三　　炮8平6

　3.车一平二　　马8进7

　4.马八进九　　卒7进1

　5.炮八平七　　车1平2

　6.车九平八　　炮2进4

　7.车二进四　　马7进6

前马后炮是反宫马阵形中最理想结构。

　8.兵九进一　　象7进5

　9.马九进八　　……

如改走车二平八，车2进5，马九进八，炮2平5，马三进五，马6进5，炮七进四，均势。

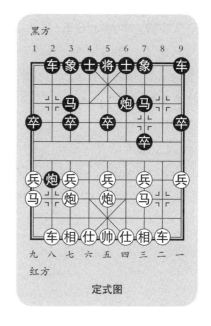

定式图

9. ······　　　炮 2 平 5

10. 马三进五　　马 6 进 5

11. 炮七平八　　······（图 10-2-3）

如改走炮七进四谋卒，则卒 7 进 1，兵三
进一，车 9 平 7，相三进一，士 6 进 5，黑方
少卒但子力活跃，仍是两分之势。

11. ······　　　卒 7 进 1

如误走车 2 平 1，车二平五，黑马被捉死。

12. 车二平三　　马 5 退 7

13. 炮八进七　　马 7 退 5（图 10-2-4）

正着，如马 3 退 2，兵三进一，马 2 进 3，
马八进六，卒 3 进 1，马六进七，炮 6 平 3，
车八进六，炮 3 进 4，车八平五，士 6 进 5，
红方稍好。

14. 马八进六　　马 3 退 2

15. 炮五进四　　士 6 进 5

16. 车八进九　　车 9 平 7

黑方易走。

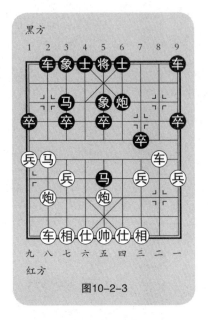

图 10-2-3

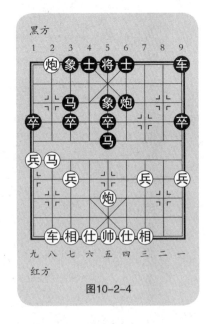

图 10-2-4

练一练

根据参考图提示，写出布局演变的过程及主要变着。

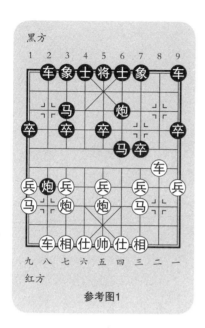

参考图1

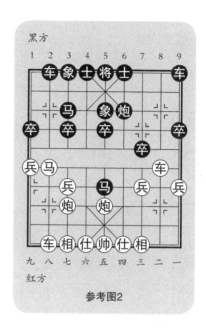

参考图2

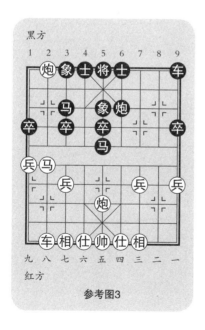

参考图3

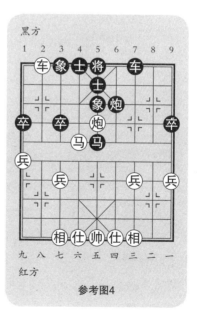

参考图4

想一想

根据基本图和对比图两图之中子力位置的不同之处，分析并写出产生棋形差异的原因。（布局提示：双方以五七炮对反宫马进 7 卒，黑右直车变例布局，第 10 回合的结果图）

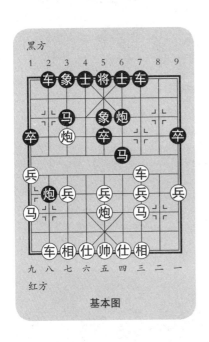

基本图

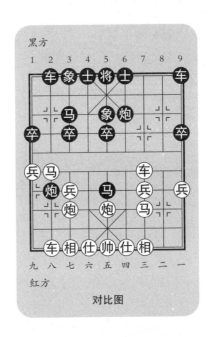

对比图

基本图的布局演变过程：

1. 炮二平五	马 2 进 3	2. 马二进三	炮 8 平 6
3. 车一平二	马 8 进 7	4. 马八进九	卒 7 进 1
5. 炮八平七	车 1 平 2	6. 车九平八	炮 2 进 4
7. 车二进四	马 7 进 6	8. 兵九进一	象 7 进 5
9. 炮七进四	卒 7 进 1	10. 车二平三	车 9 平 7

产生差异的原因：

对比图第 9 回合时，红方没有走炮七进四，而是选择车七退一，经过以下几个回合演变形成对比图结果。

9. 车七退一	卒 7 进 1	10. 车二平三	马 6 进 5

打打谱

请同学们把下面两则实战对局的棋谱用棋盘摆出来，在打谱的过程中找一找与定式里讲的棋谱有哪些不同，不同之处在棋谱上标记出来。（注："！"表示好棋，"？"表示疑问手）

第1局 云南 孙文 负 江苏 伍霞

2014年全国象棋女子甲级联赛预选赛

1. 炮二平五	马2进3	2. 马二进三	炮8平6
3. 车一平二	马8进7	4. 马八进九	卒7进1
5. 炮八平七	车1平2	6. 车九平八	炮2进4
7. 车二进四	马7进6	8. 兵九进一	象7进5
9. 马九进八	卒7进1	10. 车二平三	炮2平5
11. 仕六进五	炮5退2	12. 炮七进四？	车9平8
13. 车八进二？	车8进7	14. 炮七平一	士6进5

黑方大优。

第2局 杭州 茹一淳 和 江苏 徐天红

2017年全国象棋男子甲级联赛预选赛

1. 炮二平五	马2进3	2. 马二进三	炮8平6
3. 车一平二	马8进7	4. 马八进九	卒7进1
5. 炮八平七	车1平2	6. 车九平八	炮2进4
7. 车二进四	马7进6	8. 兵九进一	象7进5
9. 炮七进四	卒7进1	10. 车二平三	车9平7
11. 车三进五	象5退7	12. 兵三进一	炮6平7
13. 马三进四	炮2平5？	14. 仕四进五	车2进9
15. 马九退八	象3进5	16. 马八进七	炮5退1

红方稍好。

试一试

第1题 下图轮到红方行棋，红方最佳应法是什么？

红方先行

1. 车二平四 ……

避兑是巡河车的后续着法，符合棋理。

1. …… 士6进5

2. 兵九进一 象7进5

如改走炮2退2，则炮七进四，象3进5，炮五平七，车8进6，相七进五，红方易走。

3. 车四平八 车2进5

4. 马九进八 炮2平1

5. 炮七平九

红方主动。

第2题 下图局面中轮到黑方行棋，黑方最佳应法是什么？

黑方先行

1. …… 车9平8

利用红方右车被封的弱点，及时兑车，正着。

2. 车二平三 车8进2

3. 炮七进四 ……

当前局面下，红方子力并不活跃，炮打3卒不仅要谋卒获得物质优势，同时要拓展红方子力空间。如炮五进四，则马3进5，车三平五，炮6平5，车五退一，车8进4，相三进五，车8平7，炮七平六，炮5退1，以后象3进5，黑方取得中路控制权，反先夺势。

3. …… 象3进5

4. 炮五平六 炮6进2

伏有炮6平4再炮4退1的威胁。

5. 相三进五 炮6平4

6. 炮七平六 炮4平1

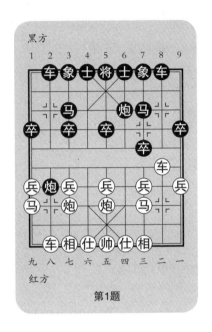

第1题

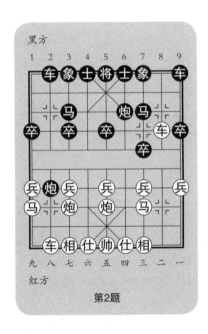

第2题

7. 兵七进一 ……

如改走前炮进一，则炮1进3，前炮平三，马3退5，兵七进一，炮1平3，炮三进一，马5进3，红方子力分散，黑方易走。

7. …… 炮2平7 8. 车八进九 马3退2

9. 车三平四 车8进3

黑方易走。

第11章　飞相对中炮

第1节　飞相对左中炮型

第1局　红正相屏风马式

记一记

定式基础：

1. 相三进五　　炮8平5

2. 马八进七　　马8进7

3. 马二进三　　车9平8

4. 车一平二　　卒7进1

5. 兵七进一　　炮2平3

6. 马七进八　　马7进6

讲一讲

1. 相三进五　　炮8平5

2. 马八进七　　马8进7

3. 马二进三　　车9平8

4. 车一平二　　卒7进1

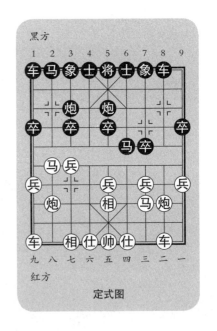

定式图

黑方先挺7卒，是属有计划性的着法，避免红进三兵活马路。

5. 兵七进一　　炮2平3

黑方此时平3路炮是继续贯彻进7卒战略意图的关键着法。通过3路炮的威胁作用，意在迫使红万左马离位，以削弱其中路防务，为己方跃马反击创造条件。

6. 马七进八　　马7进6　　7. 仕六进五　　……

补左士形成"夹花士相"，防止右翼空虚受攻，两侧兼顾。如改走仕四进五，则马6进5，炮二平一，车8进9，马三退二，马2进1，兵九进一，车1进1，车九进三，卒3进1！伏车1平8侧袭，黑方主动。

7. ……　　　车8进6

进车压缩红方右翼，并配合中炮造成中路攻势以抵消右翼出子落后的劣势，与红方对抢先手。

8. 车九进一　　马2进1（图11-1-1）

活通右翼子力正确，如马6进5强行夺取中兵，则炮二平一，车8平7，马三进五，炮5进4，车九平六，以后红方还有炮一进四的机会，红方子力出动速度快，布局满意。

9. 车九平六　　士4进5

10. 炮二平一　　车8进3

不能车8平7避兑，红方可炮一退一，车7平6，车二进六，红方子力出动速度快，黑方不利。

11. 马三退二　　炮5进4

12. 车六进四　　……（图11-1-2）

高车捉马好棋，先手控制黑方巡河线。如改走马二进四，则炮5平9，车六进四，炮9退2，车六进三，炮3平4，兵三进一，炮9平8，车六平八，卒7进1，相五进三，炮4进6，以后黑方炮4平2，黑棋满意。

12. ……　　　炮5退2

13. 炮一进四　　炮3平9

14. 炮一平三　　象3进5

双方大体均势。

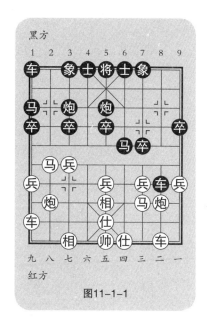

图11-1-1

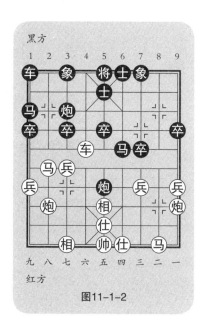

图11-1-2

练一练

　　根据参考图提示，写出布局演变的过程及主要变着。

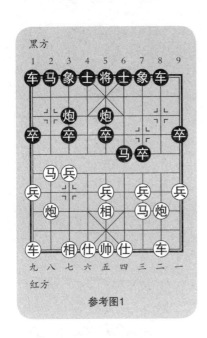

参考图1

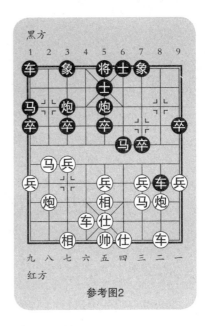

参考图2

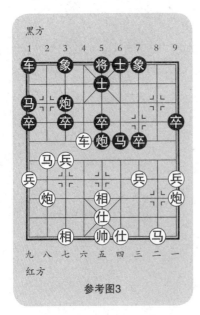

参考图3

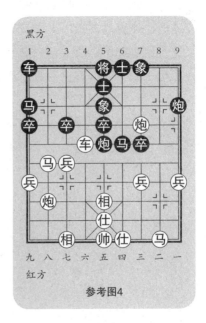

参考图4

想一想

　　根据基本图和对比图两图之中子力位置的不同之处，分析并写出产生棋形差异的原因。（布局提示：双方以飞相对左中炮，红正相屏风马变例布局，第12回合的结果图）

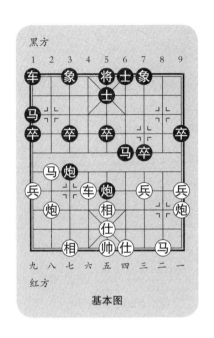

基本图

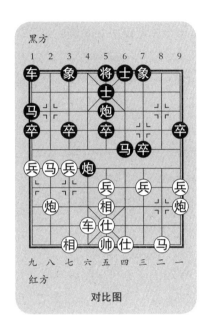

对比图

基本图的布局演变过程：

1. 相三进五	炮8平5	2. 马二进三	卒7进1
3. 车一平二	马8进7	4. 兵七进一	车9平8
5. 马八进七	炮2平3	6. 马七进八	马7进6
7. 仕六进五	马2进1	8. 车九进一	车8进6
9. 车九平六	士4进5	10. 车六进二	炮3进3
11. 炮二平一	车8进3	12. 马三退二	炮5进4

产生差异的原因：

　　对比图第10回合时，红方没有走车六进二，而是选择兵九进一，经过以下几个回合演变形成对比图的结果。

10. 兵九进一	炮3平4	11. 炮二平一	车8进3
12. 马三退二	炮4进3		

打打谱

请同学们把下面两则实战对局的棋谱用棋盘摆出来，在打谱的过程中找一找与定式里讲的棋谱有哪些不同，不同之处在棋谱上标记出来。（注："！"表示好棋，"？"表示疑问手）

第1局　江苏 徐超　和　厦门 陈泓盛
2021年全国象棋甲级联赛

1. 相三进五	炮8平5	2. 马八进七	马8进7
3. 马二进三	车9平8	4. 车一平二	卒7进1
5. 兵七进一	炮2平3	6. 马七进八	马7进6
7. 仕四进五	马6进5	8. 炮二平一	车8进9
9. 马三退二	马2进1	10. 马二进四	车1进1
11. 兵九进一	车1平6	12. 马四进五	炮5进4
13. 车九进三	炮5退1	14. 马八进九	炮3退1？

红方优势。

第2局　南方队 谢靖　和　北方队 蒋川
2021年第五届象棋全国冠军南北对抗赛

1. 相三进五	炮8平5	2. 马八进七	马8进7
3. 马二进三	车9平8	4. 车一平二	卒7进1
5. 兵七进一	炮2平3	6. 马七进八	马7进6
7. 仕四进五	马6进5	8. 炮二平一	车8进9
9. 马三退二	炮3退1	10. 车九进一	马2进1
11. 马二进四	车1进1	12. 车九平六	卒3进1
13. 马四进五	卒3进1	14. 车六进五	炮5进4

大体均势。

试一试

第 1 题　下图轮到红方行棋，红方最佳应法是什么？

红方先行

1. 炮二平一　……

由于黑方右翼子力晚出，红方兑车就是比较简明的好棋。

1. ……　　　　车 8 进 9

2. 马三退二　　马 2 进 1

3. 兵九进一　……

控制黑方边马同时，红方有车九进三出车的机会。

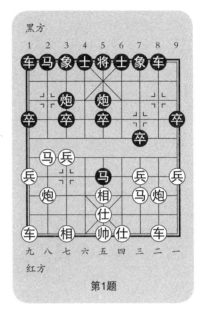

第1题

3. ……　　　　车 1 进 1

4. 车九进三　……

如改走马八进九，则炮 3 退 1，马九退八，炮 3 平 8，兵九进一，车 1 平 6，双方对攻复杂。

4. ……　　　　车 1 平 4

5. 马二进四　……

保留变化的选择，如马二进三，马 5 退 6，车九平四，马 6 退 7，马八进九，炮 3 平 2，兵七进一，卒 3 进 1，车四平七，车 4 平 3，车七进二，车 3 进 3，马九退七，炮 2 平 3，双方对峙。

5. ……　　　　马 5 退 6　　6. 炮八平六　……

收仕角炮正确，以可以顺利掩护马四进二调形。

6. ……　　　　炮 5 平 9　　7. 马四进二

红方易走。

第 2 题　下图局面中轮到黑方行棋，黑方最佳应法是什么？

黑方先行

1. ……　　　　马 6 进 5　　2. 马三进五　……

红方如不愿交换，选择炮二平一，则车 8 进 3，马三退二，炮 3 进 3，黑方多卒易走。

2. ……　　　　炮 5 进 4　　3. 车二平三　……

暂时不给黑方车 8 平 7 打通的机会。如车六进二，则炮 5 退 1，兵七进一，炮3平8，兵七进一，象3进5，车六进三，卒5进1，黑优。

3.……　　　　炮3进3

伏有炮3平1再得边兵的机会。

4. 兵三进一　　象3进5

冷静，如卒7进1，则车三进四，炮3平1，车三进五，象3进5，车三退二，黑方缺象不利。

5. 兵三进一　　卒5进1

黑方以后连续冲卒，增加攻击力量。

6. 兵三平四　　卒5进1

7. 相七进九　　炮3平1

黑方优势。

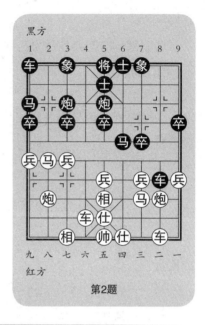

第2题

第2局　红正相反宫马式

记一记

定式基础：

1. 相三进五　　炮8平5

2. 马八进七　　马8进7

3. 炮二平四　　车9平8

4. 马二进三　　卒3进1

5. 炮八平九　　炮2平4

6. 车九平八　　马2进3

讲一讲

1. 相三进五　　炮8平5

2. 马八进七　　马8进7

3. 炮二平四　　……

红方先上左马，继而平士角炮，布成先手反宫马阵势。

3.……　　　　车9平8　　4. 马二进三　　……

至此，形成先手反宫马对左中炮的流行布局。

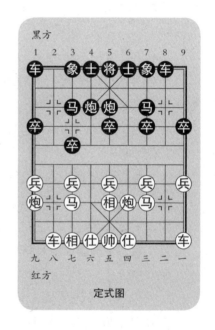

定式图

4. …… 卒3进1

挺3卒，保持右马正起之态，应着积极有力。

5. 炮八平九 ……

平边炮，准备迅速出动左车。

5. …… 炮2平4

摆角炮便于跳正马。

6. 车九平八 马2进3

7. 兵三进一 马3进4

黑马及时跃出盘河，控制红马出路。但黑车晚出，有利有弊。

8. 车八进六 士6进5

9. 仕四进五 ……（图11-1-3）

稳健，如车一平二，则车8进9，马三退二，卒3进1，车八退一，卒3进1，车八平六，卒3进1，炮四平七，炮5进4，仕四进五，车1平2，以后车2进6，黑方满意。

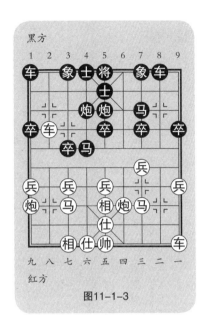

图11-1-3

9. …… 车8进6

如改走卒3进1，车八平六，马4进3，车六平七，红方略优。

10. 车八平六 马4进5

11. 马七进五 炮5进4

12. 车一平四 ……

正确，如改走车六退三，则车1平2，炮四退二，炮4平5，车一平二，车8进3，马三退二，车2进6，黑方易走。

12. …… 车8平6

13. 炮四退一 炮5退2（图11-1-4）

如改走炮4平5，炮四平三，车6进3，帅五平四，车1进2，车六平七，前炮平1，车七进三，炮5平6，车七退四，红优。

14. 炮四平三 车6平3

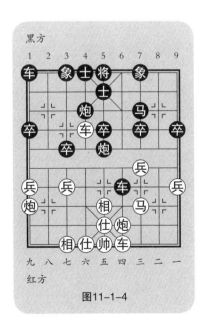

图11-1-4

15. 炮九进四　象3进5　　16. 炮九平五　炮4平3

双方对峙。

练一练

根据参考图提示，写出布局演变的过程及主要变着。

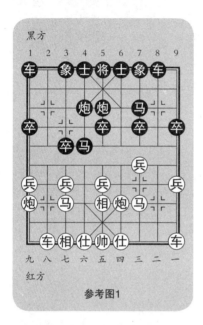

参考图1

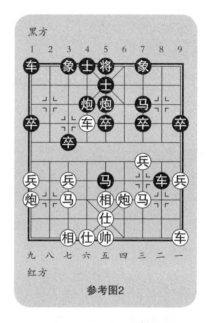

参考图2

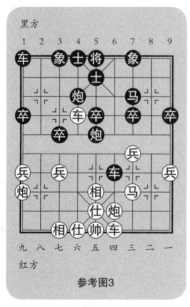

参考图3

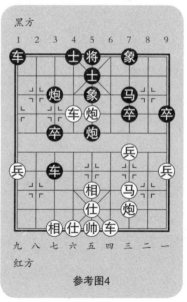

参考图4

想一想

　　根据基本图和对比图两图之中子力位置的不同之处，分析并写出产生棋形差异的原因。（布局提示：双方以飞相对左中炮，红正相反宫马变例布局，第10回合的结果图）

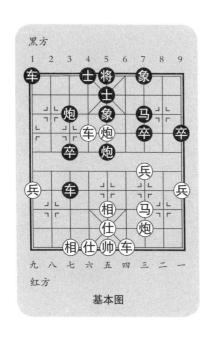

基本图

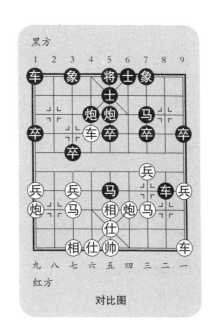

对比图

基本图的布局演变过程：

1. 相三进五	炮8平5	2. 马八进七	马8进7
3. 炮二平四	车9平8	4. 马二进三	炮2平4
5. 车九平八	马2进3	6. 炮八平九	卒3进1
7. 兵三进一	马3进4	8. 车八进六	马4进5
9. 马七进五	炮5进4	10. 仕四进五	车8进6

产生差异的原因：

　　对比图第8回合时，黑方没有走马4进5，而是选择士4进5，经过以下几个回合演变形成对比图结果。

8. ……	士4进5	9. 仕四进五	车8进6
10. 车八平六	马4进5		

打打谱

请同学们把下面两则实战对局的棋谱用棋盘摆出来，在打谱的过程中找一找与定式里讲的棋谱有哪些不同，不同之处在棋谱上标记出来。（注："！"表示好棋，"？"表示疑问手）

第1局　吉林 王廓　胜　上海 赵玮

2020年"九城杯"全国象棋个人赛

1. 相三进五　炮8平5　　2. 马八进七　马8进7

3. 炮八平九　车9平8　　4. 炮二平四　炮2平4

5. 车九平八　马2进3　　6. 马二进三　卒3进1

7. 兵三进一　马3进4　　8. 仕四进五　车1进2

9. 车八进六　卒3进1　　10. 车八平六　马4进3

11. 炮九退一　车1平3　　12. 炮九平七　士4进5

13. 马三进四　车8进4　　14. 车一平三　车3进2？

红方优势。

第2局　杭州 王天一　胜　广东 许国义

2017年全国象棋甲级联赛

1. 相三进五　炮8平5　　2. 马八进七　马8进7

3. 炮二平四　车9平8　　4. 马二进三　卒3进1

5. 炮八平九　炮2平4　　6. 车九平八　马2进3

7. 兵三进一　马3进4　　8. 车八进六　士4进5

9. 仕四进五　炮4退2　　10. 车一平二　车8进9

11. 马三退二　炮5平4　　12. 车八退三　象7进5

13. 兵九进一　卒7进1？　14. 兵三进一　象5进7

大体均势。

试一试

第1题 下图轮到红方行棋，红方最佳应法是什么？

红方先行

1. 车八进六 ……

左车过河，积极有力。

1. …… 车1进2

保持灵活性，伏有车1平2兑车的机会；或者当车八平七以后，还可以炮4退1反攻红方过河车。

2. 仕四进五 ……

静观其变的选择。

2. …… 车8平7

3. 车一平三 马3进4

4. 车八平六 马4进3

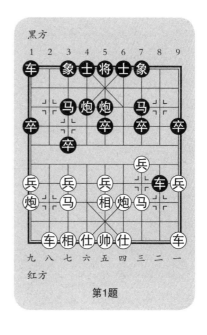

第1题

正着。如马4进5，则马七进五，炮5进4，炮四进五，炮4退1，车三平四，炮4平5，车四进四，红方子力位置通路，阵形协调，优势较明显。

5. 炮九退一 炮5平6

平炮准备掩护黑方3路马。

6. 炮九平七 炮6进4

7. 马三退四 ……

不给黑方过多纠缠的机会。

7. …… 车7进3

8. 相五退三 炮4平3

9. 马四进三

红方稍好。

第2题 下图局面中轮到黑方行棋，黑方最佳应法是什么？

黑方先行

1. …… 车8平6

2. 炮四退一 炮5退2

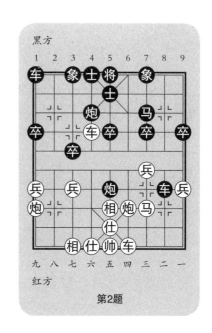

第2题

如改走炮4平5，炮四平三，车6进3，帅五平四，车1进2，车六平七，前炮平1，车七进三，炮5平6，车七退四，红优。

　　3. 炮四平三　　车6平3　　　　4. 炮九进四　　象3进5

　　5. 炮九平五　　炮4平3

双方对峙。

第2节　飞相对右中炮型

第1局　红屈头屏风马式

记一记

定式基础：

1. 相三进五　　炮2平5

2. 马八进七　　马2进3

3. 马二进三　　车1平2

4. 车九平八　　卒3进1

讲一讲

1. 相三进五　　炮2平5

2. 马八进七　　……

进左正马，目的是利于自己的左车出动，抵消黑方右翼子力出动速度较快的优势。

2. ……　　　　马2进3

3. 马二进三　　……

红方布成屏头屏风马阵势，意图使双方演成的阵形纳入中炮对屏风马的基本定式之中，并设法使自己多飞一着中相能够发挥作用。

3. ……　　　　车1平2　　　　4. 车九平八　　卒3进1

5. 兵三进一　　……

保持屏风马的灵活性，正确。

5. ……　　　　马8进9

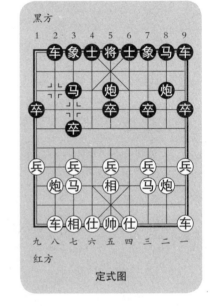

定式图

如炮8进4，则仕四进五，炮8平3，车
一平四，马8进7，马三进二，红方子力速度快，
布局满意。

6. 仕四进五　　……（图11-2-1）

补仕准备走贴帅车，稳健。实战中红方也
有炮八进四的选择，以下炮8平6，车一平二，
车9平8，炮二进四，马9退7，炮二平五，
炮5进4，马七进五，车8进9，马三退二，
马3进5，车八进四，车2进2，黑车牵制红
方无根车炮，但双马位置欠佳，形成互有顾忌
的局面。

6. ……　　　　炮8进4

7. 车一平四　　炮8平3

8. 车四进五　　……（图11-2-2）

进车准备捉双积极。如改走炮二进二，则
车9平8，车四进五，车2进4，炮八平九，
车2进5，马七退八，象3进1，炮九平七，
马3进2，红方骑河车位置尴尬，黑方满意。

8. ……　　　　车2进4

不能象3进1保卒，红方有炮八进四的棋，
以下车9平8，炮二进二，红方立获优势。

9. 炮八平九　　车2进5

先兑车，正确的次序。

10. 马七退八　象3进1

11. 炮二进三　卒9进1

12. 炮二平七　车9平8

红方主动。

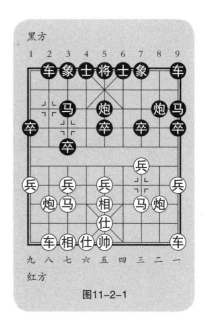

图11-2-1

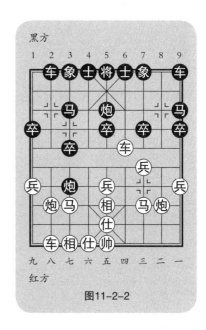

图11-2-2

练一练

根据参考图提示，写出布局演变的过程及主要变着。

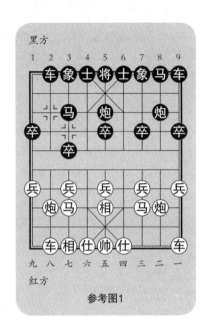

参考图1

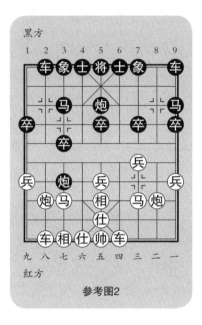

参考图2

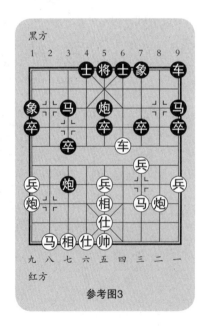

参考图3

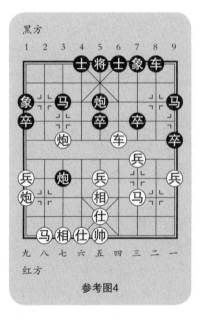

参考图4

想一想

根据基本图和对比图两图之中子力位置的不同之处，分析并写出产生棋形差异的原因。（布局提示：双方以飞相对右中炮，红屈头屏风马变例布局，第8回合的结果图）

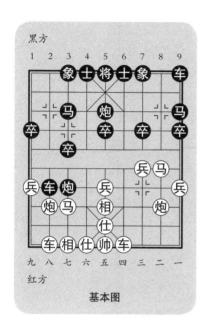

基本图

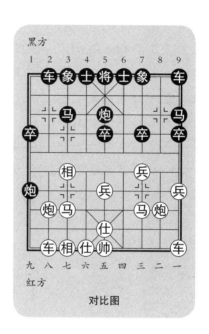

对比图

基本图的布局演变过程：

1. 相三进五　　炮2平5　　2. 马八进七　　马2进3

3. 马二进三　　车1平2　　4. 车九平八　　卒3进1

5. 兵三进一　　马8进9　　6. 仕四进五　　炮8进4

7. 马三进二　　车2进6　　8. 车一平四　　炮8平3

产生差异的原因：

对比图第7回合时，红方没有走马三进二，而是选择兵七进一，经过以下几个回合演变形成对比图结果。

7. 兵七进一　　卒3进1　　8. 相五进七　　炮8平1

打打谱

请同学们把下面两则实战对局的棋谱用棋盘摆出来，在打谱的过程中找一找与定式里讲的棋谱有哪些不同，不同之处在棋谱上标记出来。（注："！"表示好棋，"？"表示疑问手）

第1局　京冀联队 赵殿宇　胜　广东 程宇东

2018年全国象棋甲级联赛

1. 相三进五	炮2平5	2. 马八进七	马2进3
3. 马二进三	车1平2	4. 车九平八	卒3进1
5. 兵三进一	炮8进4	6. 兵七进一	卒3进1
7. 相五进七	马3进4	8. 仕四进五	炮8平1
9. 车一平四	马8进7	10. 炮八进五	车9平8
11. 车四平二	炮5平3！	12. 相七退五	炮1平3

大体均势。

第2局　北京 王跃飞　胜　浙江 程吉俊

2011年全国象棋个人赛

1. 相三进五	炮2平5	2. 马八进七	马2进3
3. 马二进三	车1平2	4. 车九平八	卒3进1
5. 兵三进一	马8进9	6. 兵一进一	炮8平6
7. 炮八进二	士6进5	8. 车一进三	炮5平4
9. 马三进二	象7进5	10. 车一平四	车9平6
11. 仕四进五	炮6平8？	12. 车四进六	士5退6

红方优势。

试一试

第1题 下图轮到红方行棋，红方最佳应法是什么？

红方先行

1. 车八进五　　　马3进2

2. 炮九进四　……

交换以后，红方取得炮九进四的机会。

2. ……　　　　　车9平8

3. 炮二进二　　　卒9进1

准备车8进4兑车，夺回巡河线。

4. 炮九平八　　　车8进4

5. 车四平二　　　马9进8

6. 炮八平三

红方多兵易走。

第2题 下图局面中轮到黑方行棋，黑方最佳应法是什么？

黑方先行

1. ……　　　　　车2进4

高车巡车，避免红方左炮的封压。

2. 兵一进一　　　卒9进1

3. 车一进五　　　炮8平6

准备开出左直车的同时，保持变化。

4. 马三进二　……

如改走炮八平九，则车9平8，车八进五，马3进2，炮二进二，炮6进5，相五进七，炮6平1，相七退九，车8进4，车一平二，马9进8，形成无车局的局面，黑方易走。

4. ……　　　　　炮6进5

进炮是炮8平6的后续手段。

5. 相五退三　　　炮6退1

6. 炮八退一　……

准备炮八平一后，配合马二进三的手段攻击黑方左翼。

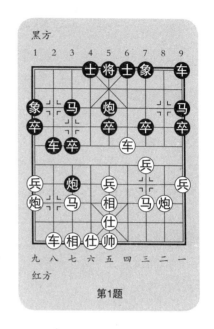

第1题

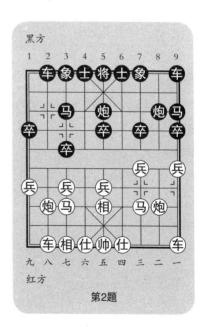

第2题

6. …… 马9退7 7. 车一平四 炮6平3

黑方足可抗衡。

第2局 红屏风马进七兵式

记一记

定式基础：

1. 相三进五 炮2平5

2. 马八进七 马2进3

3. 兵七进一 车1平2

4. 车九平八 车2进6

讲一讲

1. 相三进五 炮2平5

2. 马八进七 马2进3

3. 兵七进一 ……

红抢进七兵，对攻意识要比屈头屏风马强烈，双方容易形成短兵相接的局面。

3. …… 车1平2

4. 车九平八 车2进6

右车过河是对车2进4的改进，有意提升炮方的攻击节奏。

5. 兵三进一 ……

进三兵形成两头蛇阵势，以后待机跳双正马。

5. …… 炮8平6

6. 马二进三 马8进9（图11-2-3）

跳边马正确，如改走马8进7，则马三进四，车9平8，炮二平三，车8进4，马四进三，马7退9，车一进一，红方阵形协调，略占优势。

7. 炮二进一 ……

进炮打车，有意把局面复杂化。

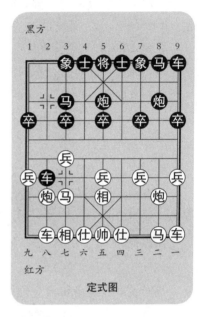

定式图

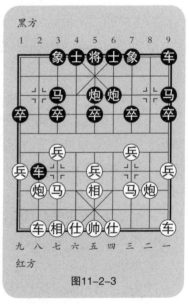

图11-2-3

7. ······　　　车2退2　　　8. 炮八平九　　　······

再兑车正确，谋取出子速度上的优势。

8. ······　　　车2进5

9. 马七退八　　　车9平8

10. 车一平二　　　车8进4

11. 炮九平七　　　······（图11-2-4）

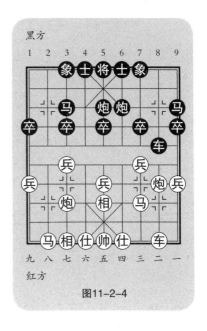

图11-2-4

牵制黑方3路线，正着。如改走马八进七，则卒7进1，炮二平三，车8进5，马三退二，炮6进5，炮三退一，炮6平3，炮三平七，炮5进4，仕六进五，卒7进1，兵七进一，马3退5，兵七进一，象7进5，黑方满意。

11. ······　　　卒3进1

12. 炮七进三　　　象3进1

13. 炮七进一　　　卒9进1

红方稍好。

练一练

根据参考图提示，写出布局演变的过程及主要变着。

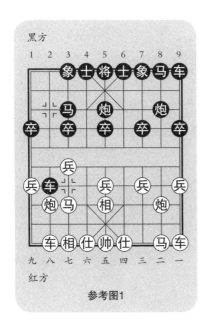

参考图1

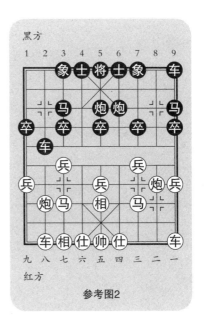

参考图2

145

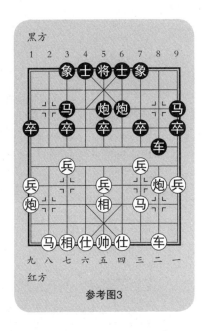

参考图3

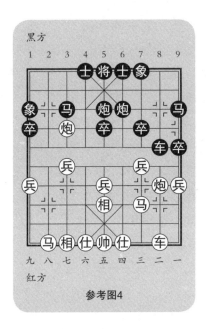

参考图4

想一想

　　根据基本图和对比图两图之中子力位置的不同之处，分析并写出产生棋形差异的原因。（布局提示：双方以飞相对右中炮，红屏风马进七兵变例布局，第6回合的结果图）

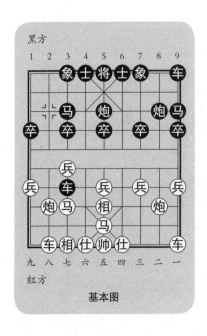

基本图

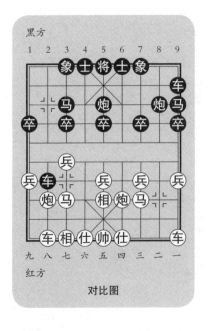

对比图

基本图的布局演变过程：

1. 相三进五　　炮 2 平 5　　　2. 马八进七　　马 2 进 3

3. 兵七进一　　车 1 平 2　　　4. 车九平八　　车 2 进 6

5. 马二进三　　车 2 平 3　　　6. 马三退五　　马 8 进 9

产生差异的原因：

对比图第 5 回合时，红方没有走马二进三，而是选择炮二平四，经过以下几个回合演变形成对比图的结果。

5. 炮二平四　　马 8 进 9　　　6. 马二进三　　车 9 进 1

打打谱

请同学们把下面两则实战对局的棋谱用棋盘摆出来，在打谱的过程中找一找与定式里讲的棋谱有哪些不同，不同之处在棋谱上标记出来。（注："！"表示好棋，"？"表示疑问手）

第 1 局　河北 李来群　胜　江西 陈孝堃

1978 年全国象棋个人赛

1. 相三进五　　炮 2 平 5　　　2. 马八进七　　马 2 进 3

3. 车九平八　　车 1 平 2　　　4. 兵七进一　　车 2 进 6

5. 炮八平九　　车 2 平 3　　　6. 车八进二　　炮 8 进 4

7. 马二进三　　卒 5 进 1　　　8. 炮二退一　　马 8 进 7

9. 兵七进一　　卒 5 进 1　　　10. 炮二平七　　车 3 平 4

11. 兵七进一　　马 3 退 5？　　12. 兵三进一　　炮 8 进 1

红方优势。

第 2 局　江西 刘光辉　和　广东 黄海林

2019 年第四届全国智力运动会象棋比赛

1. 相三进五　　炮 2 平 5　　　2. 马八进七　　马 2 进 3

3. 兵七进一　　车 1 平 2　　　4. 车九平八　　车 2 进 6

5. 马二进三　　车 2 平 3　　　6. 马七退五　　马 8 进 9

7. 兵三进一　　车 3 平 2　　　8. 马五进七　　炮 8 平 6

9. 炮八平九　　车 2 平 3　　　10. 马三进四　　车 9 平 8

11. 马四进六　　车 3 平 4　　　12. 马六进五　　车 8 进 7？

红方略优。

试一试

第1题　下图轮到红方行棋，红方最佳应法是什么？

红方先行

1. 马三进四　　车9平8

2. 炮二平三　　卒3进1

如改走车8进4，红方仍可炮九退一，炮5进4，马七进五，车3平5，兵三进一，车8平7，炮九平三，车7平6，前炮进七，士6进5，马四退三，车5平8，车八进六，红方略优。

3. 炮九退一　　……

退炮灵活之着，可以应对黑方多种反击意图。

3. ……　　　　炮5进4

4. 马七进五　　车3平5

5. 兵七进一　　……

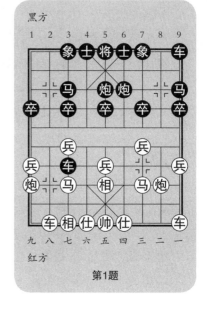

第1题

简明，如炮九平五，则车5平3，兵七进一，士6进5，黑方可以很好地控制局面发展，红方可以选择的变化不多。

5. ……　　　　车5平3　　6. 马四进五　　象7进5

7. 车八进六

红方略优。

第2题　下图局面中轮到黑方行棋，黑方最佳应法是什么？

黑方先行

1. ……　　　　卒3进1

兑卒活马，稳健的选择。

2. 炮二进一　　……

保持巡河线的控制力。

2. ……　　　　炮6平7

准备待机冲击红方三路线。

3. 车二平四　　卒9进1

4. 炮九平七　　……

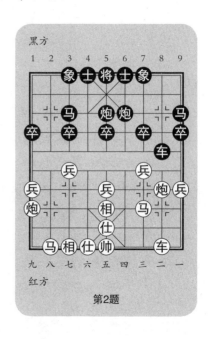

第2题

双方各有一条三（3）路受牵制。

4. ……　　　　卒7进1　　　5. 兵三进一　　车8平7

6. 兵七进一　　炮7进5

交换，简化局面。

7. 炮七进五　　车7平8　　　8. 炮七平一　　象7进9

正着，如车8进1，则炮一进二，士4进5，车四进三，红方易走。

9. 车四进四　　车8平3

双方大体均势。

第12章　飞相对士角炮

第1节　黑方左士角炮型

第1局　红屏风马式

记一记

定式基础：

1. 相三进五　　炮8平6

2. 马二进三　　马8进7

3. 车一平二　　车9平8

4. 马八进七　　马2进3

讲一讲

1. 相三进五　　炮8平6

以士角炮应飞相局，是近年来较流行的下法。主要特点是阵形严整，适宜打持久战。

2. 马二进三　　……

进右正马是相（象）方通常走法，旨在调动右翼子力。

2. ……　　　　马8进7

3. 车一平二　　车9平8

4. 马八进七　　马2进3

5. 兵七进一　　……

双方转换成先手屏风马进七兵对后手反宫马的阵形。实战中，双方行棋次序可以进行调整，殊途同归后均可形成当前局面。

5. ……　　　　车8进4

不进7卒先进巡河车是近年兴起的走法，黑方节奏明显加快。

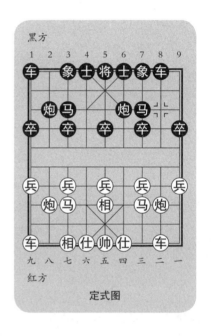

定式图

6. 炮二平一　　车8进5（图12-1-1）

稳健的选择，如车8平4避兑，则车二进四，车1进1，车九进一，卒7进1，兵三进一，车1平4，车九平四，卒3进1，兵三进一，前车平7，兵七进一，车7平3，马七进六，红方略优。

7. 马三退二　　车1进1

8. 马二进三　　卒7进1

控制红方三路马，保持局面的均衡，正着。

9. 车九进一　　……

高车直接投入战斗中去，比炮八平九更有针对性。

9. ……　　　　车1平4

10. 炮八进二　　……（图12-1-2）

意图兑兵活马。如车九平四，则车4进3，车四进五，卒3进1，兵七进一，车4平3，马七进六，炮6平4，黑方蓄势待发，红方不易控制局面。

10. ……　　　　车4平8

11. 炮一退二　　车8进6

12. 车九平三　　马7进6

双方大体均势。

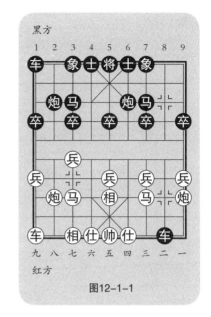

图12-1-1

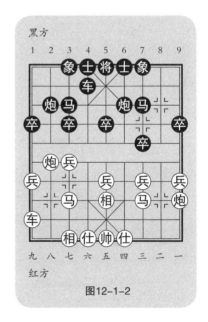

图12-1-2

151

练一练

根据参考图提示，写出布局演变的过程及主要变着。

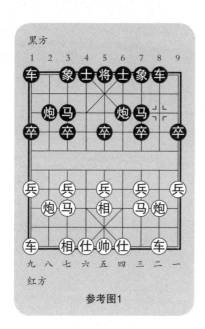

参考图1

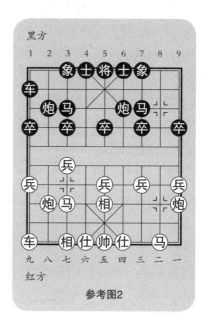

参考图2

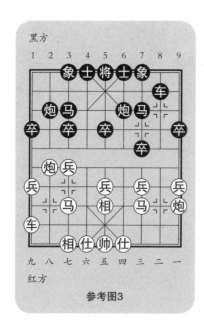

参考图3

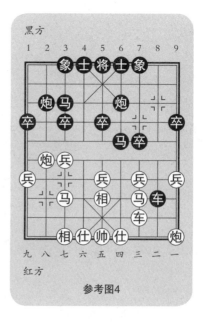

参考图4

想一想

　　根据基本图和对比图两图之中子力位置的不同之处，分析并写出产生棋形差异的原因。（布局提示：双方以飞相对士角炮，红屏风马变例布局，第12回合的结果图）

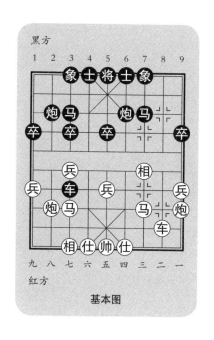

基本图

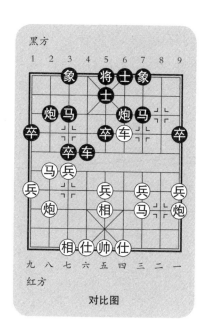

对比图

基本图的布局演变过程：

1. 相三进五	炮8平6	2. 兵七进一	马8进7
3. 马二进三	车9平8	4. 车一平二	车8进4
5. 炮二平一	车8进5	6. 马三退二	马2进3
7. 马八进七	车1进1	8. 马二进三	卒7进1
9. 车九进一	车1平4	10. 车九平二	车4进5
11. 兵三进一	卒7进1	12. 相五进三	车4平3

产生差异的原因：

　　对比图第10回合时，红方没有走车九平二，而是选择车九平四，经过以下几个回合演变形成对比图结果。

10. 九平四	车4进3	11. 车四进五	卒3进1
12. 马七进八	士4进5		

打打谱

请同学们把下面两则实战对局的棋谱用棋盘摆出来，在打谱的过程中找一找与定式里讲的棋谱有哪些不同，不同之处在棋谱上标记出来。（注："！"表示好棋，"？"表示疑问手）

第1局　厦门 苗利明　胜　浙江 王宇航

2021年全国象棋甲级联赛

1. 相三进五	炮8平6	2. 马二进三	马8进7
3. 车一平二	车9平8	4. 马八进七	马2进3
5. 兵七进一	车8进4	6. 炮二平一	车8进5
7. 马三退二	车1进1	8. 兵三进一	车1平8
9. 马二进三	车8进6	10. 相五退三	炮2退1
11. 车九进一	炮2平7	12. 车九平四	士4进5

大体均势。

第2局　上海 孙勇征　胜　四川 郑惟桐

2019年第四届全国智力运动会象棋比赛

1. 相三进五	炮8平6	2. 马二进三	马8进7
3. 车一平二	车9平8	4. 马八进七	马2进3
5. 兵三进一	卒3进1	6. 炮八进四	车8进4
7. 炮二平一	车8进5	8. 马三退二	车1进1
9. 炮八平七	车1平8	10. 炮七进三	士4进5
11. 马二进四	象7进5？	12. 炮七平九	马3进2

红方略优。

试一试

第1题　下图轮到红方行棋，红方最佳应法是什么？

红方先行

1. 炮一平三　　马7进8

跳外马正着，如马7进6，则兵三进一，象7进5，兵三进一，象5进7，车九进一，车1进1，车九平二，以后红方炮三平一，黑方阵形松散，左翼稍显薄弱，红方略优。

2. 兵三进一　　炮6平8

打马的作用是为红方三路炮去掉保护子。

3. 马二进一　　炮8平7

保持三7线上的对峙，这是黑方跳外马与跳里面的区别。

4. 炮三进三　　象3进5

5. 炮八进三　　马8进9

6. 炮八退二　　马9退8

7. 炮三进一　　……

通过连续攻马，红方调整子力位置。

7. ……　　　　士4进5

8. 车九进一

红方先手。

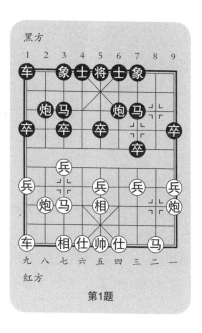

第1题

第2题　下图局面中轮到黑方行棋，黑方最佳应法是什么？

黑方先行

1. ……　　　　卒3进1

兑卒活马，正确的选择。

2. 兵七进一　　车8平3

3. 马七进六　　车3平4

4. 车九平七　　……

加快出子节奏。

4. ……　　　　车4进1

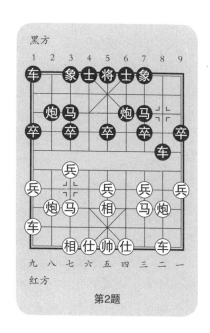

第2题

5. 车七进六　　象 3 进 5　　　6. 车七退一　　卒 7 进 1

以后黑方可以车 1 平 3 兑车，双方大体均势。

第 2 局　红抢进三兵式

记一记

定式基础：

1. 相三进五　　炮 8 平 6

2. 兵三进一　　马 8 进 9

3. 马二进三　　车 9 平 8

4. 车一平二　　车 8 进 4

5. 炮二平一　　车 8 平 6

讲一讲

1. 相三进五　　炮 8 平 6

2. 兵三进一　　……

红抢进三兵，作用是开通右马并限制黑走进 7 卒左正马的变化。

2. ……　　　　马 8 进 9

针对红方先挺三兵，黑马屯边，灵活的走法。如改走马 8 进 7，炮二平四，卒 3 进 1，马二进三，车 9 平 8，马八进七，炮 2 平 3，车九平八，马 2 进 1，炮八进五，炮 6 平 2，车八进七，炮 3 平 5，马三进四，红方易走。

3. 马二进三　　车 9 平 8

4. 车一平二　　车 8 进 4

升车巡河，静观其变。

5. 炮二平一　　……（图12-1-3）

平炮兑车，逼黑车让路。如马八进七，则卒 3 进 1，炮八平九，马 2 进 3，车九平八，车 1 平 2，车八进六，炮 6 进 1，车八退二，

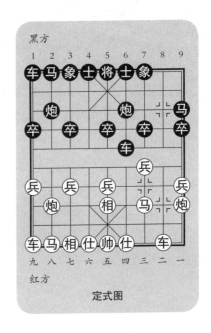

定式图

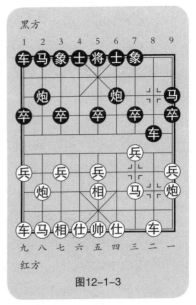

图12-1-3

炮2平1，车八平四，马3进4，车四平五，
车2进3，黑方易走。

　　5. …………　　车8平6

　　6. 炮八平六　　……

平仕角炮为此后左马盘河做好掩护。

　　6. …………　　卒3进1

　　7. 马八进七　　马2进3

　　8. 车九平八　　车1平2

　　9. 车八进六　　……

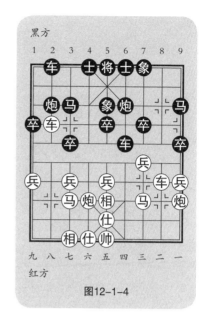

图12-1-4

左车过河保留变化的选择，如车八进四，
则炮2平1，红方只能兑车，如避免兑车选择
车八平六，则车2进6，红方七路马受攻。

　　9. …………　　象3进5

　　10. 仕四进五　　卒9进1

　　11. 车二进三　　……（图12-1-4）

高车坚守兵林线，正确。如先走兵七进一，则卒3进1，相五进七，车6平3，
相七进五，士4进5，车二进四，炮6进1，炮六进四，炮6平4，车八平六，炮2进
4，黑方反先。

　　11. …………　　炮2平1　　12. 车八进三　　马3退2

　　13. 兵七进一　　……

兑兵势在必行，如兵五进一，则炮1平3，以后黑方通过炮3退2、马2进
3调整阵形，黑方满意。

　　13. …………　　卒3进1　　14. 相五进七　　车6平3

　　15. 相七进五　　马2进3

双方大体均势。

练一练

根据参考图提示，写出布局演变的过程及主要变着。

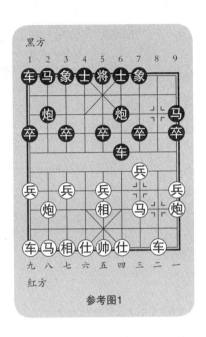

参考图1

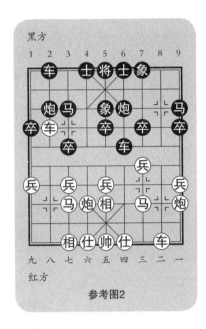

参考图2

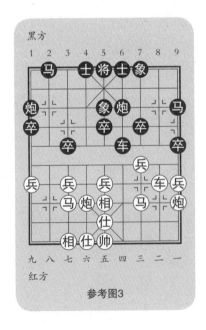

参考图3

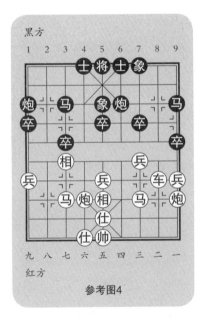

参考图4

想一想

　　根据基本图和对比图两图之中子力位置的不同之处，分析并写出产生棋形差异的原因。（布局提示：双方以飞相对左士角炮，红抢进三兵变例布局，第8回合的结果图）

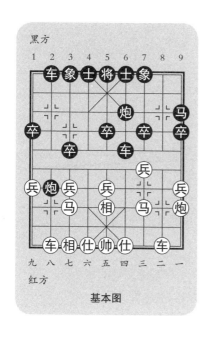

基本图

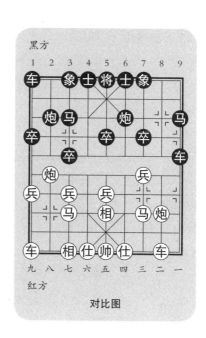

对比图

基本图的布局演变过程：

1. 相三进五	炮8平6	2. 兵三进一	马8进9
3. 马二进三	车9平8	4. 车一平二	车8进4
5. 马八进七	卒3进1	6. 炮二平一	车8平6
7. 炮八进七	车1平2	8. 车九平八	炮2进4

产生差异的原因：

　　对比图第5回合时，红方没有走马八进七，而是选择炮八进二，经过以下几个回合演变形成对比图结果。

5. 炮八进二	马2进3	6. 兵一进一	卒9进1
7. 兵一进一	车8平9	8. 马八进七	卒3进1

打打谱

请同学们把下面两则实战对局的棋谱用棋盘摆出来，在打谱的过程中找一找与定式里讲的棋谱有哪些不同，不同之处在棋谱上标记出来。（注："！"表示好棋，"？"表示疑问手）

第1局　京冀联队 赵殿宇　和　江苏 孙逸阳

2021年全国象棋甲级联赛

1. 相三进五	炮8平6	2. 兵三进一	马8进9
3. 马二进三	车9平8	4. 车一平二	车8进4
5. 炮二平一	车8平6	6. 炮八平六	卒3进1
7. 马八进七	马2进3	8. 车九平八	车1平2
9. 车八进六	象3进5	10. 仕四进五	卒9进1
11. 车二进三	炮2平1！	12. 车八进三	马3退2

大体均势。

第2局　广东 许银川　和　江苏 程鸣

2011年全国象棋甲级联赛

1. 相三进五	炮8平6	2. 兵三进一	马8进9
3. 马二进三	车9平8	4. 车一平二	车8进4
5. 炮二平一	车8平6	6. 炮八平六	卒3进1
7. 马八进七	马2进3	8. 车九平八	车1平2
9. 车八进四	炮2平1	10. 车八进五	马3退2
11. 兵一进一	马2进3	12. 炮一进四！	士4进5

大体均势。

试一试

第1题 下图轮到红方行棋,红方最佳应法是什么?

红方先行

1. 车八平七　　象3进5

2. 兵七进一　　……

兑兵准备把车活通出来。

2. ……　　　　卒3进1

如炮1退1,则马七进六,车6进4,兵七进一,红方大优。

3. 车七退二　　马3进2

只能跳外马,如马3进4,则马七进六,车6平5,马三进四,炮6进2,炮一退一(伏炮一平六的先手),黑子力壅塞,红方优势。

4. 炮一进四　　士4进5

中卒不能逃,如卒5进1,炮一平九,黑方少卒陷入困境。

5. 马七进六　　……

兑马消除黑方潜在反击,稳健。

5. ……　　　　马2进4

6. 车七平六　　炮1进4

7. 兵一进一

红优。

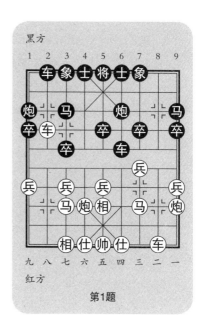

第1题

第2题 下图局面中轮到黑方行棋,黑方最佳应法是什么?

黑方先行

1. ……　　　　卒3进1

挺卒制马兼顾活通右翼子力。

2. 炮八平九　　马2进3

3. 车九平八　　卒3进1

弃卒是黑方的重要反击手段。

4. 兵七进一　　马3进2

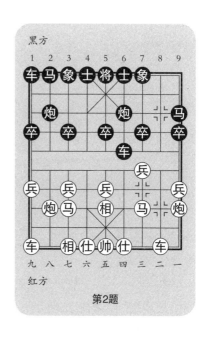

第2题

5. 炮九平八　象3进5

牵制红方车、炮以后，飞象巩固后方，好棋。

6. 炮八进二　士4进5

7. 马七进六　马2进4

8. 炮八平六　车1平4

黑方抢到车1平4的先手。

9. 炮六平四　炮6平7

牵制红方三兵弱马，黑方以后卒9进1活通边马，黑方足可抗衡。

第3局　红抢进七兵式

定式基础：

1. 相三进五　炮8平6

2. 兵七进一　马8进7

3. 马八进七　车9平8

4. 马七进六　炮2平5

5. 车九平八　马2进3

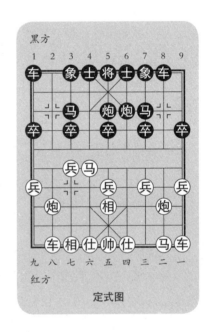

定式图

讲一讲

1. 相三进五　炮8平6

2. 兵七进一　……

红方挺七路兵，意在克制黑2路马的出路，具有针对性。

2. ……　马8进7

3. 马八进七　车9平8

4. 马七进六　……

红方形成先锋马阵势，节奏明快。红意图通过七路马盘河谋求控制中心，是较为稳健的选择。

4. ……　炮2平5

还架中炮，积极主动。

5. 车九平八　马2进3　　6. 炮八平六　……（图12-1-5）

平炮稳健。实战中也有炮八平七的选择，以下车8进5，兵三进一，卒7进1，马二进四，卒7进1，车一平三，车1进1，车八进五，局面复杂。

6. ……　　车8进5

7. 马六进七　炮5进4

积极的反击手段，如果被红方用马交换，黑方阵形就会失去弹性。

8. 仕四进五　炮5平3（图12-1-6）

平炮打马空出中路的同进，保持对红方阵形展开的限制，正着。如车8平3，则马二进三，炮5平3，车一平四，士4进5，车四进三，车3退2，车四平六，卒5进1，兵三进一，红方满意。

9. 兵七进一　车8退1

10. 兵七平八　车1平2

11. 马七退六　马3进4

互缠中抓住红方右翼子力晚出的弱点，黑方展开反攻。

12. 炮六进三　车8平4

13. 兵八平七　……

巧着，化解红方右翼的危机。

13. ……　　车2进9

14. 兵七平六　卒7进1

15. 兵六进一　……

正着，如马二进三，则炮6平4，马六退四，车2退5，兵六进一，炮4退1，车一平四，车2平4，黑方易走。

15. ……　炮6平3　　16. 马二进三　车2退4

17. 马六进七　车2平8　　18. 车一平二　车8进1

双方大体均势。

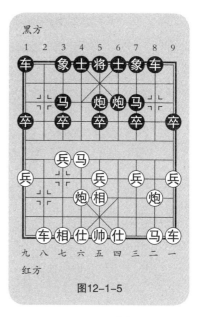

图12-1-5

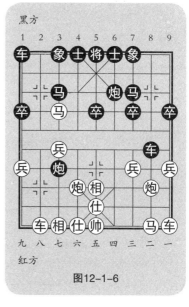

图12-1-6

练一练

根据参考图提示，写出布局演变的过程及主要变着。

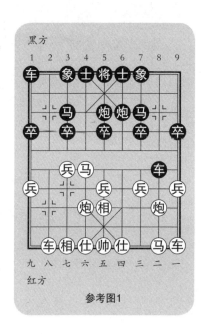

参考图1

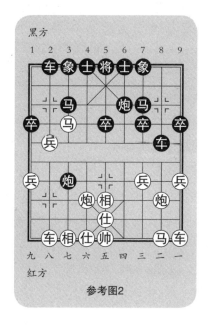

参考图2

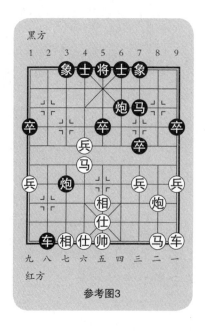

参考图3

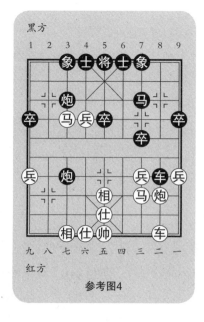

参考图4

想一想

根据基本图和对比图两图之中子力位置的不同之处，分析并写出产生棋形差异的原因。（布局提示：双方以飞相对士角炮，红抢进七兵变例布局，第8回合的结果图）

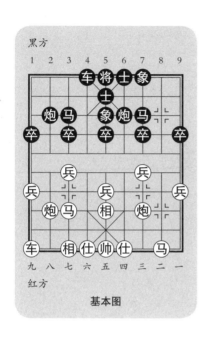

基本图

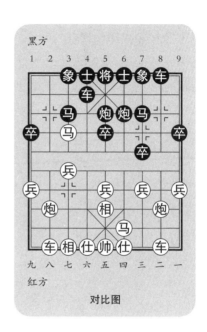

对比图

基本图的布局演变过程：

1. 相三进五	炮8平6	2. 兵七进一	马8进7
3. 马八进七	车9平8	4. 炮二平三	象3进5
5. 兵三进一	马2进3	6. 马二进四	士4进5
7. 车一平二	车8进9	8. 马四退二	车1平4

产生差异的原因：

对比图第4回合时，红方没有走炮二平三，而是选择马二进四，经过以下几个回合演变形成对比图结果。

4. 马二进四	炮2平5	5. 车一平二	马2进3
6. 车九平八	车1进1	7. 马七进六	车1平4
8. 马六进七	卒7进1		

打打谱

请同学们把下面两则实战对局的棋谱用棋盘摆出来，在打谱的过程中找一找与定式里讲的棋谱有哪些不同，不同之处在棋谱上标记出来。（注："！"表示好棋，"？"表示疑问手）

第 1 局　杭州　王天一　胜　江苏　孙逸阳

2021 年全国象棋甲级联赛

1. 相三进五	炮 8 平 6	2. 兵七进一	马 8 进 7
3. 马八进七	车 9 平 8	4. 马七进六	炮 2 平 5
5. 车九平八	马 2 进 3	6. 炮八平六	车 8 进 5
7. 马六进七	炮 5 进 4	8. 仕四进五	车 8 平 3
9. 马二进三	炮 5 平 4	10. 车一平四	士 4 进 5
11. 车八进三	车 3 退 2	12. 车八平六	卒 5 进 1

大体均势。

第 2 局　湖北　洪智　和　江苏　孙逸阳

2020 年全国象棋团体赛

1. 相三进五	炮 8 平 6	2. 兵七进一	马 8 进 7
3. 马八进七	车 9 平 8	4. 马七进六	炮 2 平 5
5. 车九平八	马 2 进 3	6. 炮八平六	车 8 进 5
7. 马六进七	炮 5 进 4	8. 仕四进五	车 8 平 3
9. 马二进三	炮 5 退 1	10. 车一平四	士 4 进 5
11. 车四进四	车 3 退 2	12. 车四平五	车 1 平 2？

红方略优。

试一试

第1题 下图轮到红方行棋，红方最佳应法是什么？

红方先行

1.车一进一 ……

高右车是很针对性的一着棋，有效改善右翼子力晚出的弱点。

1.…… 车8进4

如改走象3进5，则车一平四，士4进5，炮八平六，车1平2，车九平八，卒7进1，车八进六，红方先手。

2.车一平四 士4进5

稳健，如炮6平5反攻红方中路，则车四进二，车1进1，马六进七，车1平4，炮八平七，车4进3，车九平八，以后马二进四，红方先手。

3.炮八平六 炮6平5

4.车九平八 炮5进4

必走之着，否则黑方阵形无法协调。

5.仕四进五 车1平2

6.车八进六

红方先手。

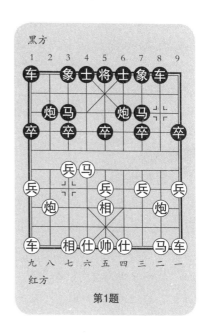

第1题

第2题 下图局面中轮到黑方行棋，黑方最佳应法是什么？

黑方先行

1.…… 炮6进1

进炮捉马，好棋。

2.马五退六 马2进3

3.车九进一 ……

高车保持担子炮结构，稳健的选择。如车九平八，则车1平2，车一进一，马7进5，马六进五，马3进5，车一平八，车2进6，以后再马5进6，黑方优势。

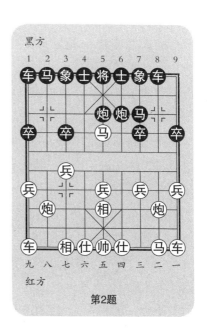

第2题

3. ……　　　　　马7进5　　4. 马六进五　　　马3进5

5. 车九平四　　　炮6进2　　6. 马二进一　　　车1平2

红方子力受限，黑方满意。

第2节　黑方右士角炮型

第1局　红进七兵式

记一记

定式基础：

1. 相三进五　　　炮2平4

2. 兵七进一　　　马2进1

3. 马八进七　　　车1平2

4. 车九平八　　　车2进4

5. 炮八平九　　　车2平4

6. 马二进三　　　卒7进1

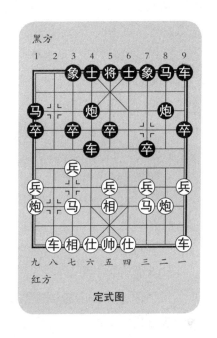

定式图

讲一讲

1. 相三进五　　　炮2平4

2. 兵七进一　　　……

红方抢进七兵，逼迫黑马屯边。

2. ……　　　　　马2进1　　3. 马八进七　　　……

进七路马正常出动子力。如炮八进四，则马8进7，马八进七，炮8平9，炮二进二卒7进1，马二进三，车9平8，车一平二，象7进5，仕四进五，车1进1，马七进六，车1平6，均势。

3. ……　　　　　车1平2　　4. 车九平八　　　……（图12-2-1）

正着。如改走马七进六，马8进7，车九进一，卒7进1，车九平四，象7进5，炮八平六，炮4进5，炮二平六，车2进6，车四进三，车2平5，马二进四，车5退2，车四进二，炮8进3，车四平三，车9平7，车一平二，车5进1，马六退七，炮8平3，仕四进五，炮3进1，黑方易走。

4.……   车2进4

升车巡河，攻守兼备，乃大势所趋。如改走其他着法，红方均有炮八进四的抢先手段。

5. 炮八平九   车2平4

车平四路，可控制红七路马的出路，是稳健之着。

6. 马二进三   卒7进1

冲卒，是要着。如随手走马8进7，则兵三进一，卒7进1，马三进四，车4平6，炮二进二，卒7进1，相五进三，象7进5，马七进六，车6平5，车八进三，红方各子灵活，明显占优。

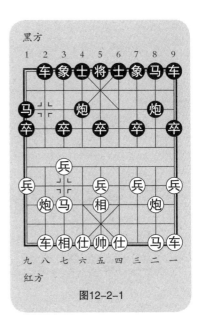

图12-2-1

7. 炮二平一   ……

平炮通车，着法新颖。老式的走法是仕四进五，则马8进7，兵九进一，士6进5，至此，红方左车不通并且无好点可占，黑方则可从容布置左翼子力，巡河车占据要津，攻守兼备，前景乐观。

7.……   马8进7

8. 车一平二   车9平8

9. 车二进四   炮8平9（图12-2-2）

兑车稳健，如卒7进1，车二平三，马7进6，炮九进四，炮8平9，兵七进一，卒3进1，车八进一，红方先手。

10. 车二进五   马7退8

11. 车八进一   ……

高车准备左车右调，保持左右两翼攻守平衡。

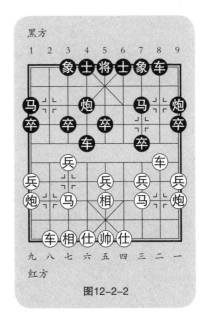

图12-2-2

11.……   马8进7   12. 车八平二   卒3进1

13. 车二进三   卒1进1   14. 马七进八   ……

进马是红方布局的要点，也是对兵七进一的改进。

14.……   士4进5   15. 兵七进一   车4平3

16. 兵三进一　　象 3 进 5

双方对峙。

练一练

根据参考图提示，写出布局演变的过程及主要变着。

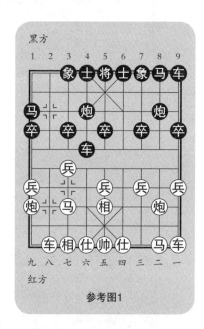

参考图1

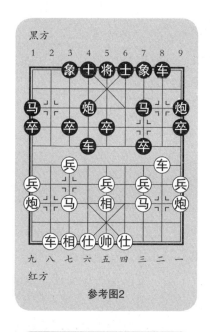

参考图2

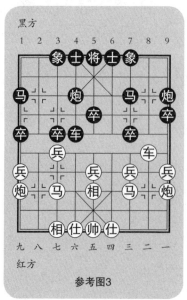

参考图3

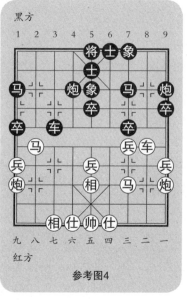

参考图4

想一想

根据基本图和对比图两图之中子力位置的不同之处，分析并写出产生棋形差异的原因。（布局提示：双方以飞相对右士角炮，红进七兵变例布局，第8回合的结果图）

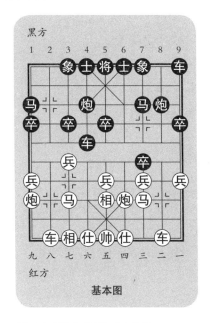

基本图

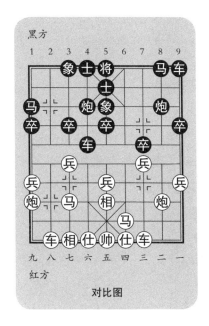

对比图

基本图的布局演变过程：

1. 相三进五　　炮2平4　　　2. 兵七进一　　马2进1

3. 马八进七　　车1平2　　　4. 车九平八　　车2进4

5. 炮八平九　　车2平4　　　6. 炮二平四　　马8进7

7. 马二进三　　卒7进1　　　8. 车一平二　　卒7进1

产生差异的原因：

对比图第6回合时，红方没有走炮二平四，而是选择兵三进一，经过以下几个回合演变形成对比图的结果。

6. 兵三进一　　卒7进1　　　7. 马二进四　　象7进5

8. 车一平三　　士6进5

打打谱

请同学们把下面两则实战对局的棋谱用棋盘摆出来，在打谱的过程中找一找与定式里讲的棋谱有哪些不同，不同之处在棋谱上标记出来。（注："！"表示

好棋，"？"表示疑问手）

第1局　上海 赵玮 和　四川 赵攀伟

2021年全国象棋甲级联赛

1. 相三进五	炮2平4	2. 兵七进一	马2进1
3. 马八进七	车1平2	4. 车九平八	车2进4
5. 炮八平九	车2平4	6. 马二进三	卒7进1
7. 炮二平一	马8进7	8. 车一平二	车9平8
9. 车二进四	炮8平9	10. 车二进五	马7退8
11. 车八进一！	马8进7	12. 车八平二	卒1进1

大体均势。

第2局　黑龙江 郝继超 和　上海 孙勇征

2019年第四届全国智力运动会象棋比赛

1. 相三进五	炮2平4	2. 兵七进一	马2进1
3. 马八进七	车1平2	4. 车九平八	车2进4
5. 炮八平九	车2平4	6. 马二进三	卒7进1
7. 炮二平一	马8进7	8. 车一平二	车9平8
9. 车二进六	炮8平9	10. 车二进三	马7退8
11. 车八进一	马8进7	12. 车八平四	卒3进1

大体均势。

试一试

第1题　下图轮到红方行棋，红方最佳应法是什么？

红方先行

1. 车二进三　……

高车巡河车稳健，如兵九进一，则炮9退1，炮九进四，卒3进1，车二进三，车4退1，马七进八，卒3进1，车二平七，炮4进7，双方互有顾忌。

1. ……　　　　卒3进1

2. 兵七进一　　车4平3

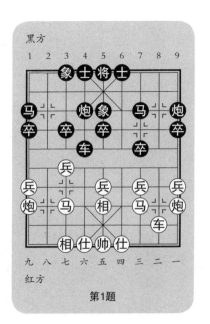

第1题

3. 马七进八　……

红方也可选择马七进六，卒1进1，仕四进五，马1进2，马六进八，车3平2，兵三进一，士4进5，兵三进一，车2平7，炮一退二，车7平8，车二进一，马7进8，炮一进六，炮9进4，双方和势。

3. ……　　　　　卒1进1　　4. 兵三进一　　……

主动简化局面，稳健。

4. ……　　　　　车3平2　　5. 兵三进一　　马1进3

黑方有意简化局面的选择。

6. 兵三进一　　马3进2

7. 兵三进一　　马2进1

8. 相七进九　　炮4平7

9. 车二平三　　车2平7

10. 车三进一　　象5进7

和棋。

第2题　下图局面中轮到黑方行棋，黑方最佳应法是什么？

黑方先行

1. ……　　　　　炮8平9

稳健，如欲保留变化，可以选择炮4进1，车二退三，卒1进1，车八进八，士6进5，炮一退一，象7进5，双方都不易简化局面，容易引起复杂的变化。

2. 车二进三　　马7退8

3. 车八进一　　马8进7

4. 车八平二　　象7进5

5. 车二进三　　卒1进1

双方大体均势。

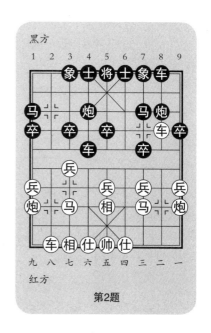

第2题

第2局　红进三兵式

记一记

定式基础：

1. 相三进五　　炮2平4

2. 兵三进一　　马2进3

3. 马八进九　　车1平2

4. 车九平八　　炮8平5

5. 马二进三　　马8进7

6. 车一平二　　车9平8

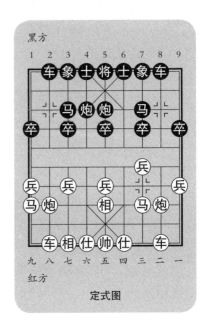

定式图

讲一讲

1. 相三进五　　炮2平4

2. 兵三进一　　……

先挺三兵，准备左马屯边，然后起左横车，逐步推进。

2. ……　　　马2进3

黑跳正马是一种比较积极的下法，若马2进1则较稳健，相对来说反弹力也随之减弱。

3. 马八进九　　……（图12-2-3）

左马屯边，是与上着进三兵相辅而行的预定战术，使阵形灵活多变。如改走兵七进一，则车1平2，马八进九，炮8平5！黑方出子领先，红"两头蛇"难以发挥威力。

3. ……　　　车1平2

4. 车九平八　　炮8平5

还架中炮，着法较为积极。如果车2进4，红炮八平七兑车后，红子力位置不错，非黑所愿。

5. 马二进三　　马8进7

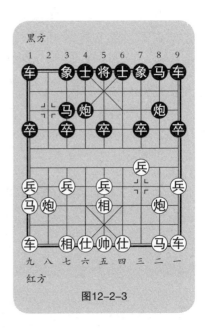

图12-2-3

6. 车一平二　　……

红如改走仕四进五，则黑车9平8，炮二进二，卒3进1，兵九进一，马3进4，炮八进一，车2进1，车一平四，车2平4，炮八平九，车8进4，车八进四，车4平3，黑方足可满意。

6. ……　　　　　车9平8

7. 炮二进四　　马7退9

退马捉炮是对攻下法。

8. 炮八进四　　……（图12-2-4）

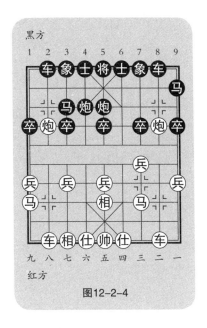

红如改走炮二平五打将，则黑炮5进4，仕四进五，车8进9，马三退二，马9进7（如车2进5，炮八平七，车2平7，马二进三，炮5退2，车八进六，炮4进1，车八退一，车7退1，炮五平七，象3进5，车八平六，炮4平6，车六进一，红优），炮八进四，马7进5，炮八平五，车2进9，马九退八，炮5退2，兵七进一，卒9进1，此时红的空心炮已无法立足，基本均势。

黑方

图12-2-4

8. ……　　　　　马9进8

9. 炮八平五　　炮5进4

10. 马三进五　　车2进9

11. 马九退八　　炮4平8

平炮，闪击进行兑子，是关键之着。

12. 车二进六　　马3进5　　　13. 兵七进一　　马5退6

14. 马八进七　　炮8平9　　　15. 车二进三　　马6退8

和势。

练一练

根据参考图提示，写出布局演变的过程及主要变着。

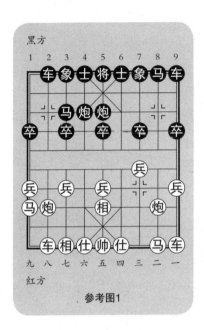

参考图1

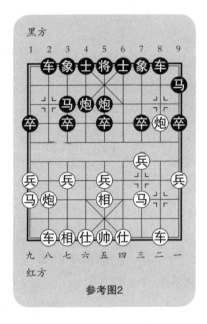

参考图2

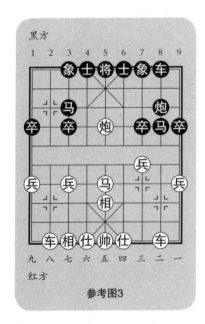

参考图3

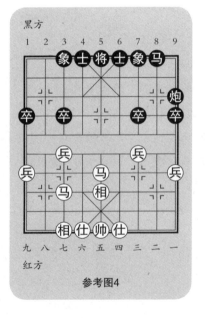

参考图4

想一想

　　根据基本图和对比图两图之中子力位置的不同之处，分析并写出产生棋形差异的原因。（布局提示：双方以飞相对右士角炮，红进三兵变例布局，第8回合的结果图）

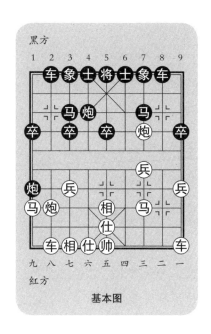

基本图

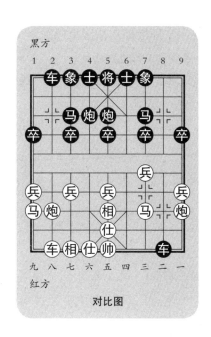

对比图

基本图的布局演变过程：

1. 相三进五	炮2平4	2. 兵三进一	马2进3
3. 马八进九	车1平2	4. 车九平八	炮8平5
5. 仕四进五	马8进7	6. 炮二平三	车9平8
7. 炮三进四	炮5进4	8. 马二进三	炮5平1

产生差异的原因：

对比图第5回合时，红方没有走仕四进五，而是选择马二进三，经过以下几个回合演变形成对比图结果。

5. 马二进三	马8进7	6. 仕四进五	车9平8
7. 车一平二	车8进6	8. 炮二平一	车8进3

打打谱

请同学们把下面两则实战对局的棋谱用棋盘摆出来，在打谱的过程中找一找与定式里讲的棋谱有哪些不同，不同之处在棋谱上标记出来。（注："！"表示好棋，"？"表示疑问手）

第1局　成都 郑惟桐　和　杭州 王天一
2021年"即墨杯"全国象棋团体赛

1. 相三进五	炮2平4	2. 兵三进一	马2进3
3. 马八进九	车1平2	4. 车九平八	炮8平5
5. 马二进三	马8进7	6. 车一平二	车9平8
7. 炮二进四	马7退9	8. 炮八进四	马9进8
9. 炮八平五	炮5进4	10. 马三进五	车2进9
11. 马九退八	炮4平8	12. 车二进六	马3进5

大体均势。

第2局　黑龙江 聂铁文　和　四川 赵攀伟
2019年全国象棋甲级联赛

1. 相三进五	炮2平4	2. 兵三进一	卒3进1
3. 车九进一	马2进3	4. 车九平六	象7进5
5. 马二进三	车1平2	6. 马三进四	士6进5
7. 马八进九	马8进7	8. 炮二平四	炮8退2？
9. 兵九进一	炮8平6	10. 车一平二	车2进6
11. 马四进三	炮6平7	12. 车二进六	卒9进1

红方优势。

试一试

第1题 下图轮到红方行棋，红方最佳应法是什么？

红方先行

1. 仕四进五 ……

补仕以静制动，稳健。

1. …… 车2进6

进车积极。如改走马3进4，炮二平一，车2进6，炮八平七，车2进3，马九退八，马4进5，马三进五，炮5进4，炮七进三，红方稍好。

2. 炮八平七 车2进3

3. 马九退八 象3进1

飞相先消除底线的弱点，正确。如车9平8，则炮二进四，卒5进1，炮七进三，马3进2，兵七进一，红方优势。

4. 炮七平六 车9平8

5. 炮二进四 卒5进1

准备炮5进1兑炮，解除封锁。

6. 兵九进一 士4进5

7. 马八进九

红方先手。

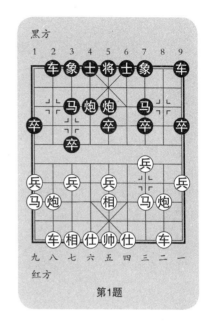

第1题

第2题 下图局面中轮到黑方行棋，黑方最佳应法是什么？

黑方先行

1. …… 车2进9

2. 马九退八 炮4平7

3. 炮七平三 炮5进4

双方子力交换以后，黑车牵制红方无根车炮，炮打中兵先得谋实惠，已取得均势的局面。

4. 仕四进五 炮5平7 5. 车二进三 卒5进1

准备盘活双马，正着。

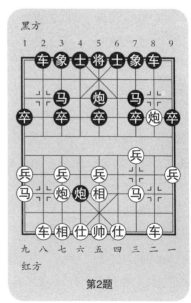

第2题

6. 车二平三　　车8进3　　7. 车三平五　　车8进1

8. 兵七进一　　马7进5

黑稍好。

第3局　红左横车式

记一记

定式基础：

1. 相三进五　　炮2平4

2. 车九进一　　马2进3

3. 车九平六　　马8进7

4. 马八进九　　车1平2

5. 兵九进一　　车2进4

6. 车六进三　　车2平6

讲一讲

1. 相三进五　　炮2平4

2. 车九进一　　马2进3

双方以飞相局对士角炮布局，红方即抬横车，准备平肋监控黑方士角炮，取稳步推进之势，系先手相方的主要攻法之一。黑方右马正出，可加强对抗之势，姿态积极。如改走马2进1，则稳健有余而反击力稍显不足。

3. 车九平六　　马8进7

4. 马八进九　　车1平2

5. 兵九进一　　车2进4

6. 车六进三　　……

针对黑直车，红挺边兵跳边马横车再升河头，准备跃马打车，这体现出横车局在战术上的改进。

6. ……　　　　车2平6　　7. 马九进八　　……（图12-2-5）

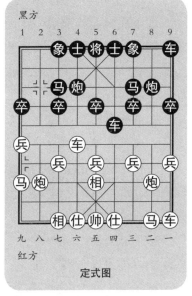

定式图

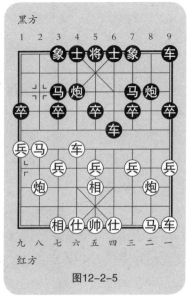

图12-2-5

如改走马二进三，则卒 3 进 1，马九进八，士 6 进 5，兵三进一，卒 7 进 1，仕四进五，象 7 进 5，炮二退一，车 9 平 6，兵三进一，前车平 7，炮二平三，车 7 平 8，炮三进六，炮 4 平 7，兵七进一，炮 8 平 9，兵七进一，车 8 平 3，局势平稳。

7. ……　　　　卒 3 进 1　　　8. 马二进一　　　……

不跳正马而屯边，形成担子炮局型，是针对黑肋车所处位置，准备挺边兵跃马咬车，同时考虑中兵暂时无保护之必要。如果想保留复杂变化，可选择兵一进一，车 9 进 1，马二进三，卒 7 进 1，仕四进五，士 6 进 5，双方对峙。

8. ……　　　　卒 7 进 1

9. 兵一进一　　　……

红跳边马挺边兵，也是为了跃出河口咬车争先，布局战术灵活。

9. ……　　　　车 6 退 2

10. 马一进二　　　……（图12-2-6）

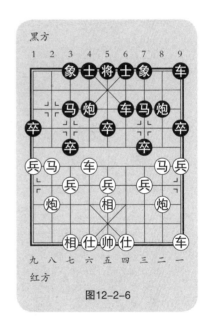

图12-2-6

当前局面下，不难看出，双方攻守重心在红方右翼，兑炮也是调整阵形的需要，红方以后的战术选择也是围绕这一判断展开的。

10. ……　　　　炮 8 进 5

11. 炮八平二　　士 6 进 5

12. 仕四进五　　象 7 进 5

13. 车一平四　　……

兑车简化局面，是当前红方公认的稳健走法。

13. ……　　　　车 6 进 7

14. 仕五退四　　车 9 平 6

15. 仕六进五　　马 3 进 2

双方对峙。

练一练

根据参考图提示，写出布局演变的过程及主要变着。

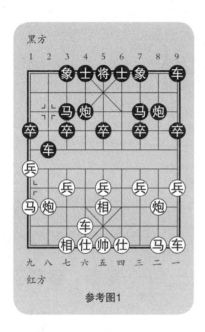

参考图1

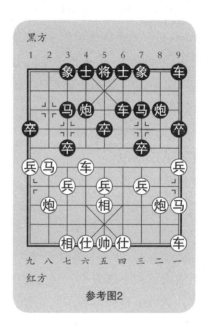

参考图2

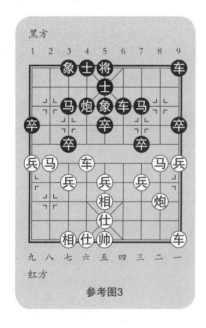

参考图3

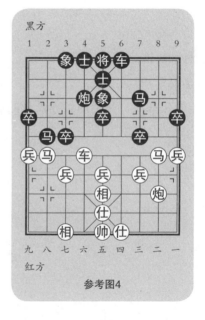

参考图4

想一想

根据基本图和对比图两图之中子力位置的不同之处，分析并写出产生棋形差异的原因。（布局提示：双方以飞相对右士角炮，红左横车变例布局，第10回合的结果图）

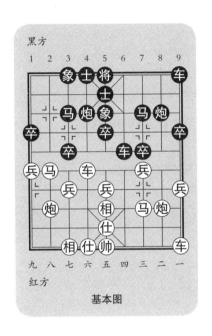

基本图

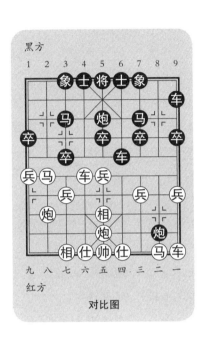

对比图

基本图的布局演变过程：

1. 相三进五　　炮2平4　　　2. 马八进九　　马2进3

3. 车九进一　　车1平2　　　4. 车九平六　　马8进7

5. 兵九进一　　车2进4　　　6. 车六进三　　车2平6

7. 马九进八　　卒3进1　　　8. 马二进三　　卒7进1

9. 仕四进五　　士6进5　　　10. 兵三进一　　象7进5

产生差异的原因：

对比图第8回合时，红方没有走马二进三，而是选择炮二退一，经过以下几个回合演变形成对比图结果。

8. 炮二退一　　炮4平5　　　9. 炮二平五　　炮8进6

10. 兵五进一　　车9进1

打打谱

请同学们把下面两则实战对局的棋谱用棋盘摆出来，在打谱的过程中找一找与定式里讲的棋谱有哪些不同，不同之处在棋谱上标记出来。（注："！"表示好棋，"？"表示疑问手）

第1局　浙江 赵鑫鑫　和　杭州 王天一

2021年全国象棋甲级联赛

1. 相三进五　炮2平4　　　2. 车九进一　马2进3

3. 车九平六　马8进7　　　4. 马八进九　车1平2

5. 兵九进一　车2进4　　　6. 车六进三　车2平6

7. 马九进八　卒3进1　　　8. 马二进一　卒7进1

9. 兵一进一　车6退2　　　10. 马一进二　炮8进5

11. 炮八平二　士6进5！　　12. 仕四进五　象7进5

大体均势。

第2局　浙江 赵鑫鑫　和　成都 郑惟桐

2021年全国象棋快棋锦标赛

1. 相三进五　炮2平4　　　2. 车九进一　马2进3

3. 车九平六　马8进7　　　4. 马八进九　车1平2

5. 兵九进一　车2进4　　　6. 车六进三　车2平6

7. 马九进八　卒3进1　　　8. 马二进一　卒7进1

9. 兵一进一　车6退2　　　10. 马一进二　炮8进5！

11. 炮八平二　士6进5　　　12. 仕四进五　车6进6

大体均势。

试一试

第1题　下图轮到红方行棋，红方最佳应法是什么？

红方先行

1. 车六进三　……

进车巡河，先迫使黑方右车定位。

1. ……　　　车2进6

如改走车2进4，则马九进八，车2平6，马二进三，车9平8，车一平二，车8进6，马八进七，士6进5，炮八平七，红方易走。

2. 炮八平六　　士6进5

显然不宜炮4进5,否则炮二平六,车9平8,马二进三,红方阵形充分调整,黑方不利。

3. 马二进四　　卒3进1

4. 炮二平三　　车2进2

限制红方四路马,好棋。

5. 仕四进五　　炮4进5

6. 炮三平六　　车9平8

7. 车六平三

保留变化,红方稍好。

第2题　下图局面中轮到黑方行棋,黑方最佳应法是什么?

黑方先行

1. ……　　　　卒7进1　　2. 炮二平一　　炮4平6

平炮调形,攻守兼备。

3. 车一平二　　卒7进1

弃卒,伏有马7进8打车手段,是炮6平4的连贯思路。

4. 兵三进一　　马7进8

5. 马三进二　　……

红车不能退回,只能进马应对。

5. ……　　　　炮6进1

6. 车六退二　　炮6平8

7. 兵三进一　　……

准备抢先打开僵持的局面。

7. ……　　　　车6平7

8. 车二平三　　车7进5

9. 相五退三　　炮8进2

10. 炮八平二　　象7进5

11. 炮二进三　　车9平7

黑方易走。

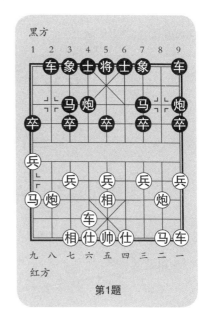

第1题

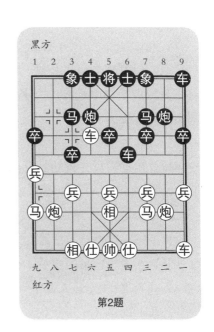

第2题

第13章　飞相对过宫炮

第1节　黑方左过宫炮型

第1局　红右正马式

记一记

定式基础：

1. 相三进五　　炮8平4

2. 马二进三　　马8进7

3. 车一平二　　车9平8

4. 炮二进四　　卒7进1

5. 兵七进一　　马2进1

6. 马八进七　　炮2平3

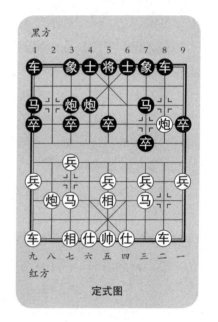

定式图

讲一讲

1. 相三进五　　炮8平4

以左过宫炮应对飞相局，是流行已久的阵势，其特点是集中优势兵力于右翼，给红方左翼造成强大压力。

2. 马二进三　　……

抢先出动右翼，目的是阻止黑方有迅速出动左车进而巡河之可能。

2. ……　　　　马8进7　　　　3. 车一平二　　车9平8

4. 炮二进四　　卒7进1（图13-1-1）

挺卒解除红炮对上两路的封锁很必要。如走马2进1，则炮八进二，卒7进1，红方有炮八平二打车的巧手，红方有利。

5. 兵七进一　　马2进1　　　　6. 马八进七　　炮2平3

7. 马七进八　　……

外马封车，力争主动的选择。

7. ……　　　　马7进6

黑方进河口马，是改进后的走法。

8. 炮二退二　……

退炮，意在阻止黑方过卒。

8. ……　　　　炮4平5

9. 仕四进五　……

巩固中路，稳健的选择。

9. ……　　　　车1进1

10. 兵九进一　车1平7（图13-1-2）

右车左调，准备在红方三路线上发动攻势。如改走马6进7，则马八进九，炮3平4，车九进二，车1平7，炮八进二，炮4进1，兵九进一，卒5进1，车九平六，车8进3，车二进三，马7退6，车二平四，卒7进1，车四进二，卒7平8，马三进二，红方稍好。

11. 马八进九　炮3退1

12. 炮二平四　……

如改走兵九进一，红方可以保持局面的复杂。

12. ……　　　　车8进9

13. 马三退二　车7平8

14. 马二进三　车8进5

15. 车九进三　车8平7

双方大体均势。

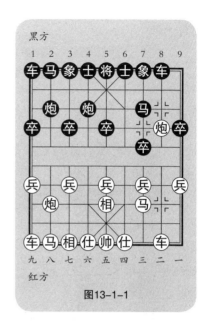

图13-1-1

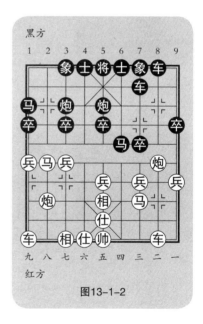

图13-1-2

练一练

根据参考图提示，写出布局演变的过程及主要变着。

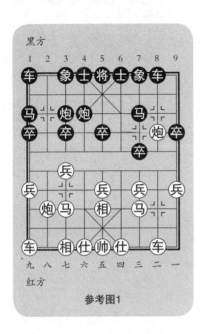

参考图1

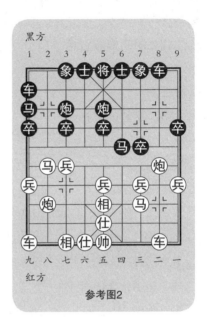

参考图2

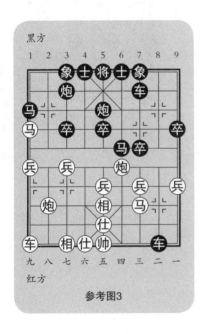

参考图3

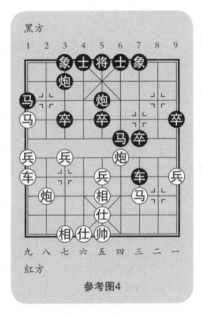

参考图4

想一想

根据基本图和对比图两图之中子力位置的不同之处，分析并写出产生棋形差异的原因。（布局提示：双方以飞相对过宫炮，红右正马变例布局，第 10 回合的结果图）

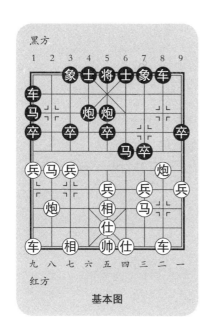

基本图

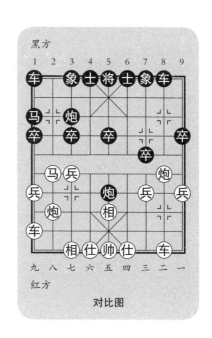

对比图

基本图的布局演变过程：

1. 相三进五	炮 8 平 4	2. 马二进三	马 8 进 7
3. 车一平二	车 9 平 8	4. 炮二进四	卒 7 进 1
5. 兵七进一	马 2 进 1	6. 马八进七	炮 2 平 3
7. 马七进八	马 7 进 6	8. 炮二退二	炮 4 平 5
9. 仕六进五	车 1 进 1	10. 兵九进一	炮 3 平 4

产生差异的原因：

对比图第 9 回合时，红方没有走仕六进五，而是选择车九进一，经过以下几个回合演变形成对比图结果。

　　9. 车九进一　　马 6 进 5　　10. 马三进五　　炮 5 进 4

打打谱

请同学们把下面两则实战对局的棋谱用棋盘摆出来，在打谱的过程中找一找与定式里讲的棋谱有哪些不同，不同之处在棋谱上标记出来。（注："！"表示好棋，"？"表示疑问手）

第1局　中国 王天一　和　中国 徐超

2020年"棋聚五洲"首届世界象棋网络棋王赛

1. 相三进五	炮8平4	2. 马二进三	马8进7
3. 车一平二	车9平8	4. 炮二进四	卒7进1
5. 兵七进一	马2进1	6. 马八进七	炮2平3
7. 马七进八	炮4进3	8. 兵七进一	卒3进1
9. 车九平八	卒3进1	10. 马八进九	炮3退1
11. 炮八平九？	车1平2	12. 车八进九	马1退2

黑方稍好。

第2局　浙江 赵鑫鑫　胜　内蒙古 洪智

2018年第六届"温岭杯"全国象棋国手赛

1. 相三进五	炮8平4	2. 马二进三	马8进7
3. 车一平二	车9平8	4. 炮二进四	卒7进1
5. 兵七进一	马2进1	6. 马八进七	炮2平3
7. 马七进八	马7进6	8. 炮二退二	炮4平5
9. 兵九进一	马6进5	10. 马三进五	炮5进4
11. 仕四进五	炮5退1	12. 车九进三	炮3平5？

红方稍好。

试一试

第1题　下图轮到红方行棋，红方最佳应法是什么？

红方先行

1. 车九进一　……

进车准备车九平四捉马打破黑方封锁。

1. ……　　　炮4进3

黑方进炮打马，同样是出于打破僵持局面的考虑。

2. 车九平四　马6退7

退马正着，如炮4平2，则炮二平八，车8进9，马三退二，马6进7，车四进七，黑方1路车受困，红方先手。

3. 车四平六 ⋯⋯

平炮捉车战术灵活，如马八进九，则炮3平4，炮八平九，前炮进2，双方互缠。

3. ⋯⋯ 马7进6

4. 马八退七 车1平2

5. 炮八平九 炮4退2

6. 车六进四 ⋯⋯

红方步步紧逼，已取得先手。

6. ⋯⋯ 卒3进1

7. 兵七进一 炮3进5

8. 车六平四 炮4进3 9. 车四进一

红方先手。

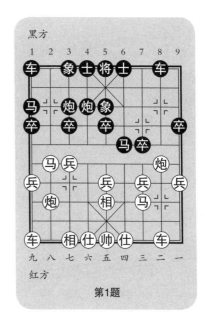

第1题

第2题 下图局面中轮到黑方行棋，黑方最佳应法是什么？

黑方先行

1. ⋯⋯ 马6进5

马踏中兵，简明。

2. 马三进五 炮5进4

3. 仕四进五 炮5退1

避开红方车九进三的手段。如炮3平5，则车九进三，前炮退1，车二进二，前炮平2，炮二平八，车8进7，后炮平二，车1平2，炮八退二，红方先手。

4. 车九进三 炮3进3

谋求实惠的选择。

5. 炮二进二 炮5平2

6. 相五进七 象7进5

7. 炮八平五 士6进5

双方大体均势。

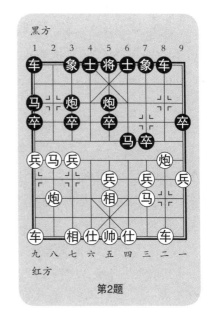

第2题

第2局 红进七兵式

记一记

定式基础:

1. 相三进五　　炮8平4
2. 兵七进一　　马8进7
3. 炮二平四　　车9平8
4. 马二进三　　卒7进1
5. 马八进七　　马2进1
6. 兵九进一　　车1进1

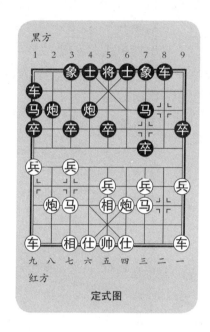

定式图

讲一讲

1. 相三进五　　炮8平4

2. 兵七进一　　……

红挺兵准备跳左马,开展左翼子力。

2. ……　　马8进7　　3. 炮二平四　　车9平8

4. 马二进三　　卒7进1　　5. 马八进七　　马2进1

6. 兵九进一　　……

挺兵制马,以后通过兵九进一兑边兵,红边车占据骑河线,稳步推进的选择。

6. ……　　车1进1

7. 兵九进一　　卒1进1

8. 车九进五　　象7进5(图13-1-3)

如改走车1平6,则仕四进五,车6进3,车九平四,马7进6,红方有炮四进七的机会,以下黑方续走车8进7,炮四退三,炮4进4,车一平三,红方先手。

9. 车九平六　　士6进5

如改走炮4平3,则马七进八,炮2进2,炮八进三,车1平2,炮八平三,车2进4,

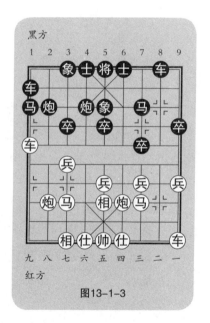

图13-1-3

炮三退一，车2退1，车六平八，马1进2，
车一平二，车8进9，马三退二，炮3退1，
炮三进二，红方稍好。

10. 马七进八　炮2进2

11. 炮四进六　……

进炮寻求简化局面的选择。

11. ……　　士5进6

12. 炮八进三　马1进2（13-1-4）

也可以选择车1平6，车六进二，马1进
2，车六退二，马2退1，马三退五，士6退5，
马五进七，车8进5，双方大体均势。

13. 车六进二　车1平6

14. 车六退二　马2退1

15. 马三退五　士6退5　　16. 马五进七　马7进6

双方大体均势。

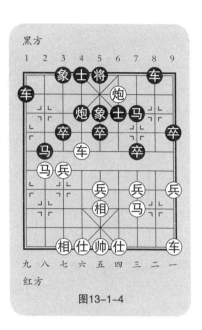

图13-1-4

练一练

根据参考图提示，写出布局演变的过程及主要变着。

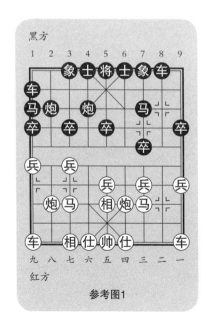

参考图1

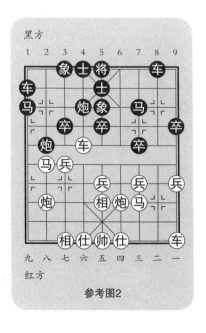

参考图2

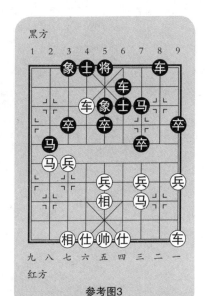

参考图3

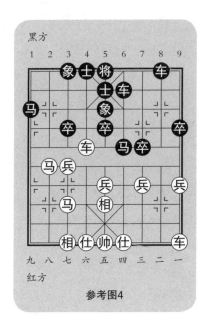

参考图4

想一想

根据基本图和对比图两图之中子力位置的不同之处，分析并写出产生棋形差异的原因。（布局提示：双方以飞相对过宫炮，红进七兵变例布局，第8回合的结果图）

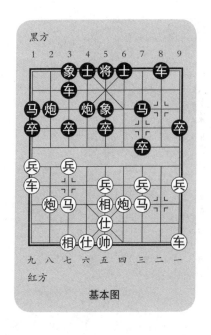

基本图

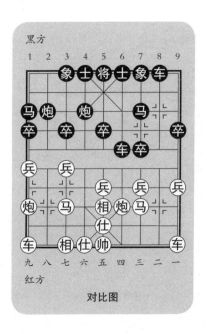

对比图

基本图的布局演变过程：

1. 相三进五　　炮8平4　　　　2. 兵七进一　　马8进7

3. 炮二平四　　车9平8　　　　4. 马二进三　　卒7进1

5. 马八进七　　马2进1　　　　6. 兵九进一　　车1进1

7. 仕四进五　　象7进5　　　　8. 车九进三　　车1平3

产生差异的原因：

对比图第7回合时，红方没有走仕四进五，而是选择炮八平九，经过以下几个回合演变形成对比图结果。

7. 炮八平九　　车1平6　　　　8. 仕四进五　　车6进3

打打谱

请同学们把下面两则实战对局的棋谱用棋盘摆出来，在打谱的过程中找一找与定式里讲的棋谱有哪些不同，不同之处在棋谱上标记出来。（注："！"表示好棋，"？"表示疑问手）

第1局　浙江 王宇航　负　黑龙江 崔革

2021年全国象棋甲级联赛

1. 相三进五　　炮8平4　　　　2. 兵七进一　　马8进7

3. 炮二平四　　车9平8　　　　4. 马二进三　　卒7进1

5. 马八进七　　马2进1　　　　6. 兵九进一　　车1进1

7. 兵九进一　　卒1进1　　　　8. 车九进五　　车1平6

9. 仕四进五　　车6进3　　　　10. 车九平四　　马7进6

11. 炮四进七！车8进7　　　　12. 炮四退一　　士4进5

红方稍好。

第2局　北京 金波　和　黑龙江 崔革

2021年全国象棋团体赛

1. 相三进五　　炮8平4　　　　2. 兵七进一　　马8进7

3. 炮二平四　　车9平8　　　　4. 马二进三　　卒7进1

5. 马八进七　　马2进1　　　　6. 兵九进一　　车1进1

7. 兵九进一　　卒1进1　　　　8. 车九进五　　象7进5

9. 车九平六？士6进5　　　　10. 马七进八　　炮2进2

11. 炮四进六　　士5进6　　　　12. 炮八进三　　马1进2

黑方易走。

试一试

第 1 题　下图轮到红方行棋，红方最佳应法是什么?

红方先行

1. 马七进八　　……

兑炮，及时协调阵形。

1. ……　　　　炮 2 进 5

2. 炮四平八　　车 8 进 1

连成霸王车，准备车 1 平 4 兑对黑方威胁
最大的六路骑河车。

3. 车六进二　　炮 3 退 1

通过进车捉炮切断黑方双车的联络。

4. 仕四进五　　炮 3 平 2

兑炮的意图在于活车。

5. 炮八平六　　炮 2 退 1

仍然保留兑车活通子力的意图。

6. 车一平四　　车 1 平 6

7. 车四进八　　车 8 平 6

8. 车六平七

以后准备马八进七活车。红方易走。

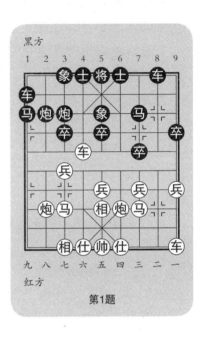

第1题

第 2 题　下图局面中轮到黑方行棋，黑方
最佳应法是什么?

黑方先行

1. ……　　　　车 1 平 3

准备打通 3 路线，保持两翼均衡发展。如
改走车 1 平 6，则仕四进五，车 6 进 3，车九平六，
士 6 进 5，炮八进二，车 8 进 6，车一平三，
红方易走。

2. 车九平六　　士 4 进 5

3. 车六进二　　……

进车骑河，控制黑方阵形的展开，要点。

3. ……　　　　象 7 进 5

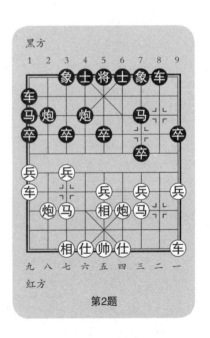

第2题

形成"花士象"兼顾边马，正着。

4. 炮四进六　车3进1　　5. 仕四进五　卒3进1

6. 兵七进一　车3进2

兑车简化局面，如象5进3，则马七进六，炮4进3，车六退一，象3退5，兵三进一，车3进2，车一平四，红方先手。

7. 车六平七　象5进3

双方大体均势。

第2节　黑方右过宫炮型

第1局　红进七兵式

记一记

定式基础：

1. 相三进五　炮2平6

2. 兵七进一　马2进3

3. 马八进七　车1平2

4. 马七进六　车2进4

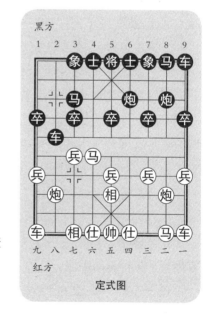

定式图

讲一讲

1. 相三进五　炮2平6

2. 兵七进一　……

红抢挺七兵，其战略意图是：既能急进七路马雄踞河口，控制局1势；又能先平士角炮，以后发展为反宫马阵势，稳步进取。

2. ……　　马2进3

3. 马八进七　……（图13-2-1）

先跳七路马，再伺机盘河，属急攻之着。红如改走炮八平六，则黑马8进7，马八进七，卒7进1，车九平八，象3进5，炮二进四，马7进6，炮二平七，士4进5，马二进三，车1平4，仕四进五，车9平8，车八进五，马6进7，黑方足可满意。

3. ……　　　　车1平2

抢出右直车属稳健着法。

4. 马七进六　　……

马跃河头，正着。如改走车九平八，则黑车2进4，炮八平九，车2平6，马二进三，象7进5，红八路车没有好点可占，黑方布局理想。

4. ……　　　　车2进4

5. 车九进一　　……

起左横车，准备随时过宫掩护河头马。

5. ……　　　　马8进7

6. 车九平四　　卒7进1

如改走士6进5，则车四进四，车2平6，马六进四，炮6进1，兵三进一，红方出子占先。

7. 炮八平六　　士6进5

8. 车四进五　　炮8退1（图13-2-2）

不飞象，先退炮节奏明快。如象7进5，车四平三，车9进2，炮二进三（车三进一，则炮8进7，黑得子大优），卒7进1，兵三进一，车2平7，车三退一，象5进7，炮二进一，红优。

9. 马二进三　　象7进5

10. 炮二平一　　……

如车四平三压马，则车9进2，以后黑方有炮8平7打车的手段，红方无趣。

10. ……　　　　炮8平6

11. 车四平三　　车9进2

12. 仕四进五　　卒3进1

13. 兵七进一　　车2平3

双方大体均势。

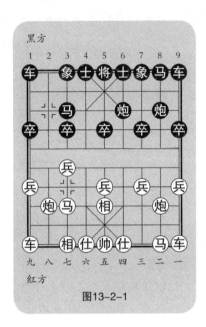

图13-2-1

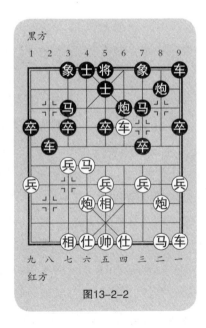

图13-2-2

练一练

根据参考图提示，写出布局演变的过程及主要变着。

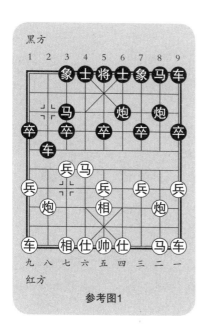

参考图1

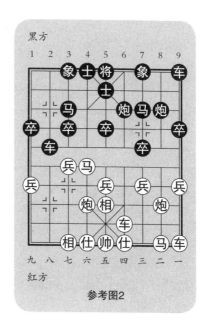

参考图2

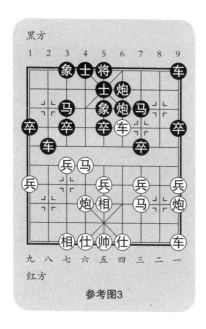

参考图3

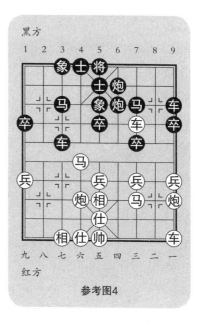

参考图4

想一想

根据基本图和对比图两图之中子力位置的不同之处，分析并写出产生棋形差异的原因。（布局提示：双方以飞相对右过宫炮，红左横车变例布局，第10回合的结果图）

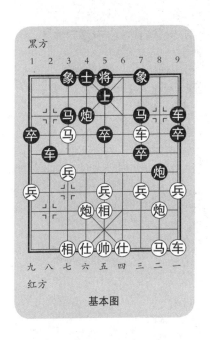

基本图

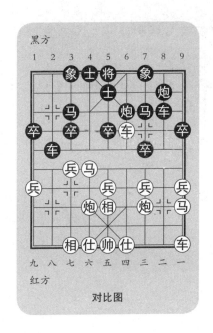

对比图

基本图的布局演变过程：

1. 相三进五　　炮2平6　　　2. 兵七进一　　卒7进1

3. 马八进七　　马2进3　　　4. 车九进一　　车1平2

5. 马七进六　　车2进4　　　6. 车九平四　　士6进5

7. 炮八平六　　马8进7　　　8. 车四进五　　炮8进3

9. 车四平三　　车9进2　　　10. 马六进七　　炮6平4

产生差异的原因：

对比图第8回合时，黑方没有走炮8进3，而是选择炮8退1，经过以下几个回合演变形成对比图的结果。

8. ……　　　　炮8退1　　　9. 炮二平三　　车9进2

10. 马二进一　　车9平8

打打谱

请同学们把下面两则实战对局的棋谱用棋盘摆出来，在打谱的过程中找一找与定式里讲的棋谱有哪些不同，不同之处在棋谱上标记出来。（注："！"表示好棋，"？"表示疑问手）

第1局 上海 胡荣华 和 广东 许银川

2000年第1届"嘉周杯"象棋特级大师冠军赛

1. 相三进五 炮2平6   2. 兵七进一 马2进3

3. 炮八平六 车1平2   4. 马八进七 马8进7

5. 车九进一 车2进4   6. 马七进六 卒7进1

7. 车九平四 士6进5   8. 车四进五 象7进5

9. 马二进三 炮8退2   10. 马三退五 炮8平7

11. 马五进七 车9平8   12. 车一进一 卒3进1！

黑方易走。

第2局 黑龙江 刘俊达 负 浙江 于幼华

2019年全国象棋甲级联赛

1. 相三进五 炮2平6   2. 兵七进一 马2进3

3. 马八进七 车1平2   4. 马七进六 车2进4

5. 车九进一 马8进7   6. 车九平四 卒7进1

7. 炮八平六 炮8平9   8. 马二进三 车9平8

9. 车一平二 卒3进1   10. 车四平七 车2进2

11. 仕四进五 车2平4   12. 马六退四 象7进5

大体均势。

试一试

第1题 下图轮到红方行棋，红方最佳应法是什么？

红方先行

1. 车九平四 士6进5

2. 车四进四 ……

兑车抢占对方巡河线，控制局面的选择。

2. …… 车2平6

如车2进2，则兵一进一，车2平5，马二进四，车5平4，马六进七，红方子力位置好，稍占优势。

3. 马六进四 炮6进1

4. 兵三进一 车9进1

5. 兵一进一 士5退6

退士活车，解决大子出动不通畅的弱点。

6. 炮二平四 炮6进4

7. 炮八平四 车9平4

8. 马二进三

红方出子速度领先，红方略优。

第2题 下图局面中轮到黑方行棋，黑方最佳应法是什么？

黑方先行

1. …… 士6进5

支士意在以后调整阵形，缓解子力壅塞的问题。

2. 炮八平六 象7进5

3. 车四进五 炮8退2

以后通过炮8平6再车9进2，继续舒展阵形。

4. 马二进三 炮8平6　　5. 车四平三 车9进2

6. 车一平二 卒3进1　　7. 兵七进一 车2平3

双方大体均势。

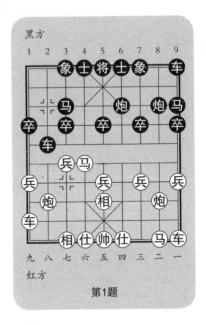

第1题

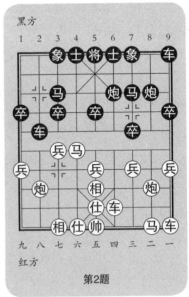

第2题

第2局 红进三兵式

记一记

定式基础：

1. 相三进五　　炮2平6

2. 兵三进一　　马2进3

3. 马八进九　　车1平2

4. 车九平八　　车2进4

5. 炮八平七　　车2平6

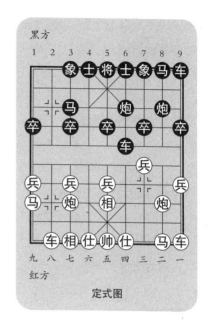

定式图

讲一讲

1. 相三进五　　炮2平6

2. 兵三进一　　马2进3

3. 马八进九　　车1平2（图13-2-3）

出车，是正着。如改走马8进9，则红马二进三，炮8平7，马三进二，车1平2，车九进一，士4进5，车九平四，车2进4，兵一进一，炮7退1，车四进三，象7进5，兵九进一，红方明显占优。

4. 车九平八　　车2进4

5. 炮八平七　　……

平七路炮要比炮八平六更有牵制力，如炮八平六，则车2平6，马二进三，象7进5，车八进四，马8进7，黑方子力展开更为从容。

5. ……　　　车2平6

6. 马二进三　　象7进5

7. 车八进四　　马8进6

跳拐角马，加快右翼子力出动，正确。如卒3进1，则兵七进一，士6进5，炮二退一，象3进1，炮二平七，马8进9，兵七进一，象1进3，马九进七，黑方右翼要承受很大的防守压力，红方优势。

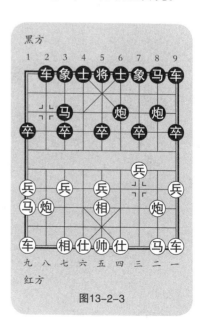

图13-2-3

8. 仕四进五　　车 9 平 7　　　9. 炮二平一　　卒 3 进 1（图 13-2-4）

保留变化的走法。如卒 7 进 1，则兵三进一，车 7 进 4，马三进二，车 6 退 1，炮七进四，卒 5 进 1，炮七平一，炮 8 平 9，双方对峙，红方多兵稍好。

10. 车一平二　　卒 7 进 1

11. 车二进五　　……

进车牵制，老练。

11. ……　　　　车 6 平 5

12. 兵三进一　　车 7 进 4

13. 车二平三　　车 5 平 7

14. 炮一退一　　炮 6 进 5

15. 炮七平四　　车 7 进 3

双方大体均势。

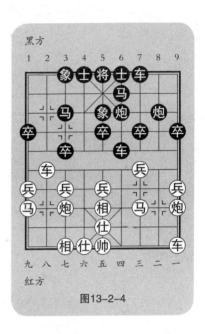

图 13-2-4

练一练

根据参考图提示，写出布局演变的过程及主要变着。

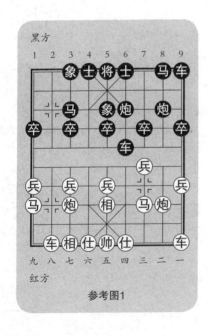

参考图 1

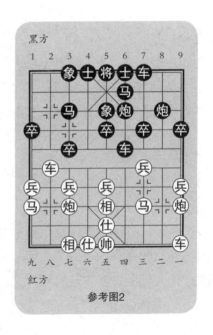

参考图 2

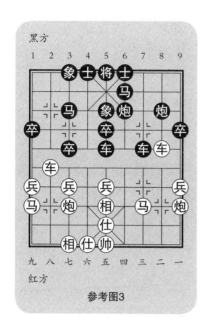

参考图3

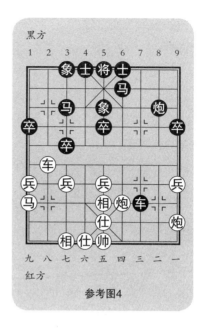

参考图4

想一想

根据基本图和对比图两图之中子力位置的不同之处，分析并写出产生棋形差异的原因。（布局提示：双方以飞相局对右过宫炮，红左车巡河变例布局，第8回合的结果图）

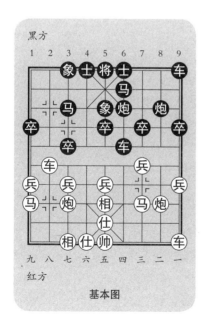

基本图

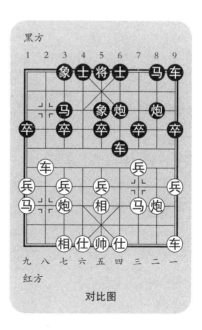

对比图

基本图的布局演变过程：

1. 相三进五　　炮 2 平 6　　　2. 兵三进一　　马 2 进 3

3. 马八进九　　车 1 平 2　　　4. 车九平八　　车 2 进 4

5. 炮八平七　　车 2 平 6　　　6. 马二进三　　象 7 进 5

7. 仕四进五　　马 8 进 6　　　8. 车八进四　　卒 3 进 1

产生差异的原因：

对比图第 7 回合时，红方没有走仕四进五，而是选择兵九进一，经过以下几个回合演变形成对比图的结果。

7. 兵九进一　　卒 3 进 1　　　8. 车八进四　　马 8 进 9

打打谱

请同学们把下面两则实战对局的棋谱用棋盘摆出来，在打谱的过程中找一找与定式里讲的棋谱有哪些不同，不同之处在棋谱上标记出来。（注："！"表示好棋，"？"表示疑问手）

第 1 局　北方队　洪智　和　南方队　于幼华

2020 年第 4 届象棋全国冠军南北对抗赛

1. 相三进五　　炮 2 平 6　　　2. 马八进九　　马 2 进 3

3. 兵三进一　　车 1 平 2　　　4. 车九平八　　车 2 进 4

5. 炮八平七　　车 2 平 6　　　6. 马二进三　　象 7 进 5

7. 车八进四　　马 8 进 6　　　8. 仕四进五　　车 9 平 7

9. 炮二退二　　卒 7 进 1　　　10. 兵三进一　　车 7 进 4

11. 炮二平三　　车 7 平 8　　　12. 车八平三　　卒 3 进 1

大体均势。

第 2 局　天津　赵金成　和　黑龙江　聂铁文

2012 年"磐安伟业杯"全国象棋个人赛

1. 相三进五　　炮 2 平 6　　　2. 兵三进一　　马 2 进 3

3. 马八进九　　车 1 平 2　　　4. 车九平八　　车 2 进 4

5. 炮八平七　　车 2 平 6　　　6. 马二进三　　象 7 进 5

7. 车八进四　　马 8 进 6　　　8. 仕四进五　　卒 3 进 1

9. 兵九进一　　车 9 平 7　　　10. 车八平六　　卒 7 进 1

11. 兵三进一　　车 7 进 4　　　12. 马九进八　　车 7 平 2

大体均势。

试一试

第1题　下图轮到红方行棋，红方最佳应法是什么？

红方先行

1. 马二进三　　马8进9

2. 车八进四　　炮8平7

平炮是有针对性的选择。如象7进5，则兵一进一，炮8平7，炮二平一，车9平8，炮一进四，红方可以从边路突破开始，徐图进取。

3. 车一平二　　……

准备进炮封车。

3. ……　　　　车9平8

黑方此时不能象7进5或车9进1，红方都有炮二进五的机会，黑方不利。

4. 炮二进四　　卒3进1

5. 车八平五　　车5进1

6. 兵五进一

红方先手。

第2题　下图局面中轮到黑方行棋，黑方最佳应法是什么？

黑方先行

1. ……　　　　马8进7

2. 车一平二　　卒7进1

兑卒活通子力，保持阵形舒展。

3. 车二进四　　车9进2

高车好棋，准备利用7路马做支点，伏有炮8退1再炮8平7的反击。

4. 兵七进一　　卒7进1

5. 车二平三　　炮8退2

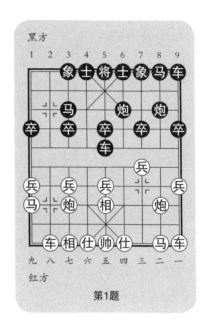

第1题

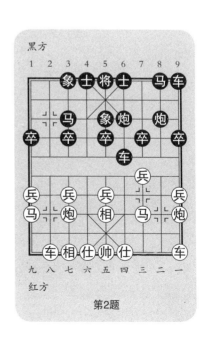

第2题

既定的计划，在红方三路线上制造反击。

6. 马三进二　　车6进4　　　7. 仕六进五　　马7进6

进马形成互缠，如车9平8，则马二进三，车6退5，车八进六，炮8平7，炮七进四，红方先手。

8. 炮七退一　　车6退2　　　9. 炮一平四　　车9平8

互缠中，黑方先手。

第14章 进兵局

第1节 仙人指路对卒底炮型

第1局 黑飞右象式

记一记

定式基础：

1. 兵七进一　　炮2平3

2. 炮二平五　　象3进5

3. 马二进三　　卒3进1

4. 马八进九　　卒3进1

5. 车一平二　　车9进1

6. 车九平八　　车9平4

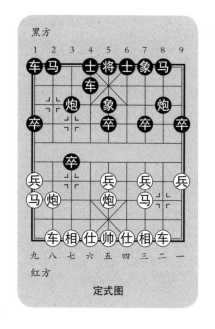

定式图

讲一讲

1. 兵七进一　　炮2平3

黑方平炮卒底，可限制红方左马顺利跳出，是最具对抗性的应着，故有"小当头"与"一声雷"之美誉。

2. 炮二平五　　……

黑方走卒底炮后，已不能用屏风马进行防御，因此红方采用中炮攻势，意在先发制人。

2. ……　　　　象3进5

在黑方形成卒底炮后，红方再架中炮自是符合棋理，因黑方中路已相应薄弱了。现黑方放弃中卒而起右象争取出子速度。

3. 马二进三　　……

红方跳右正马准备采用弃兵抢先的战术，迅速亮出右车牵制黑方左翼子力。

209 ◀

3. ······　　　　卒3进1

进3卒争取渡河是卒底炮对仙人指路后架中炮大局体系中的主流变例之一。其特点是花了两个度数而渡一卒，并可迫使红左马屯边，得失参半。

4. 车一平二　　　······

以放黑卒过河为代价，加快强子出动步伐。

4. ······　　　　卒3进1

5. 马八进九　　　······（图14-1-1）

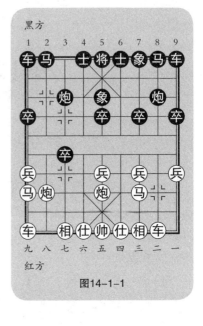

图14-1-1

跳边马是经典的选择。近年红方还有相七进九的走法。试演一例：相七进九，车9进1，车二进四，卒3进1，马八进六，卒3进1，炮八进四，车9平4，马六进四，马8进9，仕四进五，士4进5，车九平八，以后车二平七，红方稍好。

5. ······　　　　车9进1

黑起左横车是积极应法，准备平右肋利于对攻。

6. 车九平八　　车9平4

黑左横车快速过宫，强化了右翼和中心区域，使局面更具弹性。

7. 炮五进四　　　······

炮打中卒，先得实惠。

7. ······　　　　士4进5

8. 炮五平一　　　······

炮轰双卒是经典主流战术。

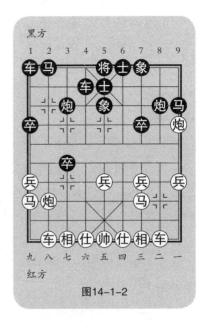

图14-1-2

8. ······　　　　马8进9（图14-1-2）

跳边马封拦红炮，防红方炮一进三沉底，稳健。实战中黑方还有马2进1的走法，以下炮一进三，马8进9，炮八平五，马1进3，车八进六，马3进4，仕六进五，双方对攻激烈。

9. 车二进四　　卒7进1

进 7 卒是黑方阵形中要点，以后车 4 进 2 占据卒林线，盘活大子。

10. 车二平七　　车 4 进 2　　　11. 炮一退二　　马 2 进 4

12. 仕六进五　……

削弱黑方 3 路线的攻击威胁。

12. ……　　　　车 1 平 2

至此，形成红方多兵、黑方大子俱活的形势。

13. 兵九进一　车 2 进 6　　　14. 炮八平六　车 2 进 3

15. 马九退八　马 4 进 5

红方多兵易走。

练一练

根据参考图提示，写出布局演变的过程及主要变着。

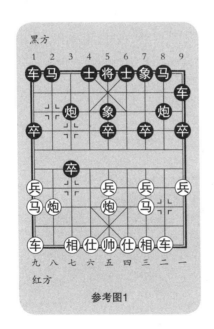

参考图1

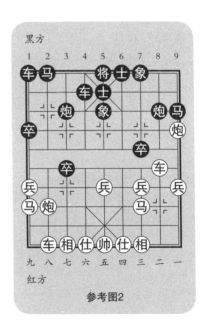

参考图2

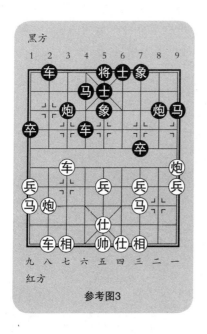

参考图3

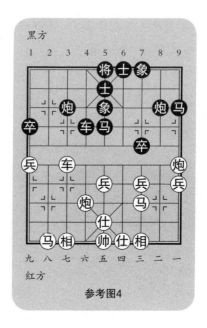

参考图4

想一想

　　根据基本图和对比图两图之中子力位置的不同之处，分析并写出产生棋形差异的原因。（布局提示：双方以仙人指路对卒底炮，红炮打中兵变例布局，第12个回合的结果图）

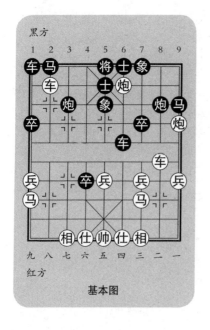

基本图

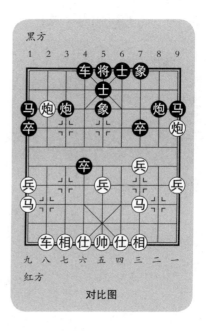

对比图

基本图的布局演变过程：

1. 兵七进一　　炮 2 平 3　　　2. 炮二平五　　象 3 进 5

3. 马二进三　　卒 3 进 1　　　4. 马八进九　　卒 3 进 1

5. 车一平二　　车 9 进 1　　　6. 车九平八　　车 9 平 4

7. 炮五进四　　士 4 进 5　　　8. 炮五平一　　马 8 进 9

9. 车二进四　　卒 3 进 1　　　10. 炮八平四　　卒 3 平 4

11. 炮四进六　　车 4 进 3　　　12. 车八进八　　车 4 平 6

产生差异的原因：

对比图第 9 回合时，黑方没有走卒 3 进 1，而是选择车 4 进 4，经过以下几个回合演变形成对比图的结果。

9. ……　　　　车 4 进 4　　　10. 车二平六　　卒 3 平 4

11. 兵三进一　　马 2 进 1　　　12. 炮八进五　　车 1 平 4

打打谱

请同学们把下面两则实战对局的棋谱用棋盘摆出来，在打谱的过程中找一找与定式里讲的棋谱有哪些不同，不同之处在棋谱上标记出来。（注："！"表示好棋，"？"表示疑问手）

第 1 局　北京 蒋川　胜　杭州 郭凤达

2016 年第三届全国象棋青年大师赛

1. 兵七进一　　炮 2 平 3　　　2. 炮二平五　　象 3 进 5

3. 马二进三　　卒 3 进 1　　　4. 车一平二　　卒 3 进 1

5. 马八进九　　车 9 进 1　　　6. 仕六进五　　车 9 平 4

7. 炮五进四　　士 4 进 5　　　8. 炮五平一　　马 8 进 9

9. 车二进四　　卒 7 进 1　　　10. 车二平七　　车 4 进 2

11. 炮一退二　　马 2 进 4　　　12. 车九平八　　车 1 平 2

13. 兵九进一　　车 2 进 6　　　14. 炮八平六　　车 2 进 3

15. 马九退八　　马 4 进 3？　　16. 车七平二　　炮 8 平 7

红方略优。

第 2 局　四川 郑惟桐　胜　广东 黎德志

2013 年第 4 届"张瑞图杯"象棋个人公开赛

1. 兵七进一　　炮 2 平 3　　　2. 炮二平五　　象 3 进 5

3. 马二进三　卒3进1　　4. 马八进九　卒3进1

5. 车一平二　车9进1　　6. 车九平八　车9平4

7. 炮五进四　士4进5　　8. 炮五平一　马8进9

9. 车二进四　卒7进1　　10. 车二平七　车4进2

11. 炮一退二　马2进4　　12. 仕六进五　车1平2

13. 兵九进一　车2进6

14. 炮八平七　车2进3

15. 马九退八　马4进3

16. 车七平二　车4进5！

大体均势。

试一试

第1题　下图轮到红方行棋，红方最佳应法是什么？

红方先行

1. 炮一进三　……

沉底炮是红方既定的方案。

1. ……　　　马8进9

只能进边马，否则红方炮一平三，再车二进七，大占优势。

2. 炮八平五　炮8退2

3. 兵一进一　卒3平2

4. 兵一进一　炮3平2　　5. 炮五平八

黑方阵形受制，红优。

第2题　下图局面中轮到黑方行棋，黑方最佳应法是什么？

黑方先行

1. ……　　　马8进7

不给红方炮打边卒的机会。

2. 炮五退一　……

如仍炮五平一，则炮8平9，炮一退二，

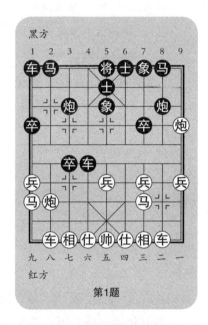

第1题

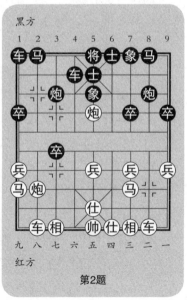

第2题

马7进5，炮八平四，车4进5，炮四进一，车4退2，炮四退一，马2进4，黑方反先。

2.……　　　　炮8平9　　3.车二进六　　车4进3

4.炮八平五　　马2进4

黑方迅速出动子力，已获反先之势。

5.兵三进一　　马4进3　　6.兵五进一　　卒3平4

黑方略优。

第2局　黑飞左象式

记一记

定式基础：

1.兵七进一　　炮2平3

2.炮二平五　　象7进5

3.马八进九　　马2进1

4.车九平八　　车1进1

5.马二进三　　车1平4

6.车一平二　　士6进5

讲一讲

1.兵七进一　　炮2平3

2.炮二平五　　象7进5

从战略上讲，飞左象与飞右象如出一辙，异曲同工，均有柔中带刚的特点，但在战术运用上却同中有异，各有所长。二者同为对抗"仙人指路"的主流变例。

3.马八进九　　……

此时进边马非常重要。如误走马二进三，则卒3进1，这样黑可以适时走马8进6活左翼子力，经过多盘实战验证，黑处于易走之势。

3.……　　　　马2进1

先跳右边马，意在加快右翼出子的速度，是当代名手的常用着法。

4.车九平八　　车1进1

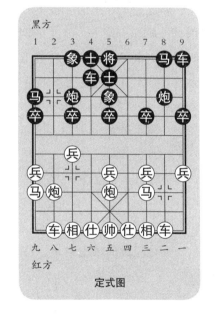

定式图

正着。黑如改走车 1 平 2，则炮八进四，红方占优。

5. 马二进三　……

先进正马是攻守兼备之着，它将布局引向更为复杂多边的形势。

5. ……　　　车 1 平 4

车占右肋，以便兼顾右翼阵营。

6. 车一平二　士 6 进 5

补士以静制动。如先走马 8 进 6，则有定位过早的嫌疑。

7. 兵九进一　马 8 进 6

8. 马九进八　……（图14-1-3）

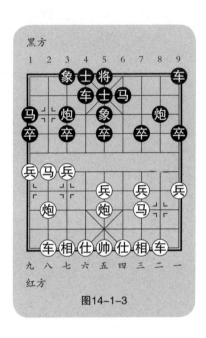

图14-1-3

如先走车二进四准备车二平四攻击黑方拐角马，则车 9 平 6，车二平四，马 6 退 8，车四进五，将 5 平 6，仕六进五，马 8 进 7，以后黑方车 4 进 4 进骑河车，黑方满意。

8. ……　　　车 9 平 8

9. 马八进九　炮 3 退 1

10. 炮八进六　……

进炮打车，紧凑有力。

10. ……　　　车 4 进 3

11. 炮五平九　……

强化左翼的攻击力量，待机炮八平九再前炮进一，寻求攻势。

11. ……　　　卒 7 进 1

12. 相三进五　炮 8 平 6

13. 车二进九　马 6 退 8

14. 炮八退一　车 4 退 2（图14-1-4）

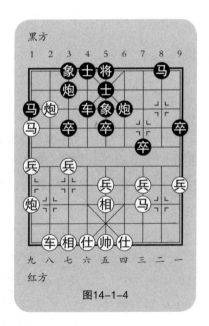

图14-1-4

如炮 6 平 2，则车八进七，马 8 进 7，马九退八，车 4 平 2，炮九平八，车 2 平 4，马八进七，红优。

15. 炮八退一　马 8 进 7

双方大体均势。

练一练

根据参考图提示，写出布局演变的过程及主要变着。

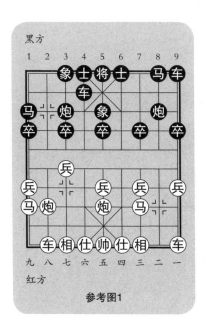

参考图1

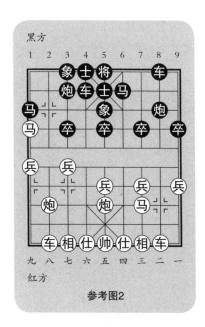

参考图2

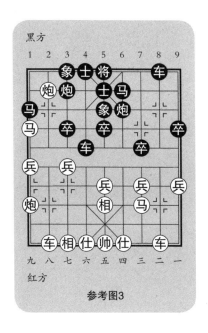

参考图3

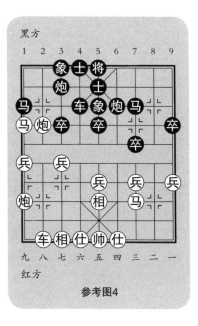

参考图4

想一想

　　根据基本图和对比图两图之中子力位置的不同之处，分析并写出产生棋形差异的原因。（布局提示：双方以仙人指路对卒底炮，黑飞左象变例布局，第8回合的结果图）

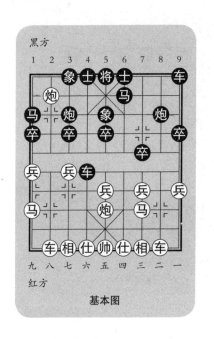

基本图

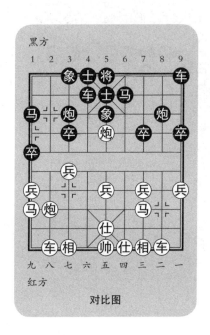

对比图

基本图的布局演变过程：

1. 兵七进一　　炮2平3　　2. 炮二平五　　象7进5

3. 马八进九　　马2进1　　4. 车九平八　　车1进1

5. 马二进三　　车1平4　　6. 车一平二　　马8进6

7. 兵九进一　　车4进4　　8. 炮八进六　　卒7进1

产生差别的原因：

　　对比图第6回合时，黑方没有走马8进6，而是选择卒1进1，经过以下几个回合演变形成对比图结果。

6. ……　　　　卒1进1　　7. 炮五进四　　士6进5

8. 仕六进五　　马8进6

打打谱

请同学们把下面两则实战对局的棋谱用棋盘摆出来，在打谱的过程中找一找与定式里讲的棋谱有哪些不同，不同之处在棋谱上标记出来。（注："！"表示好棋，"？"表示疑问手）

第1局　河南 赵金成　负　广东 郑惟桐

2021年全国象棋甲级联赛

1. 兵七进一	炮2平3	2. 炮二平五	象7进5
3. 马八进九	马2进1	4. 车九平八	车1进1
5. 马二进三	车1平4	6. 车一平二	马8进6
7. 兵九进一	车4进4	8. 炮八进六	卒7进1
9. 车二进六	卒7进1	10. 炮八退四	车4平3
11. 炮八平三	车3平6	12. 仕六进五	车9平7
13. 车八进四	车6进1	14. 炮五平六	车7进3
15. 车二退一	卒5进1	16. 车二平五	卒3进1

大体均势。

第2局　广东 许国义　和　河北 申鹏

2021年第14届全运会群众比赛象棋决赛

1. 兵七进一	炮2平3	2. 炮二平五	象7进5
3. 马八进九	马2进1	4. 车九平八	车1进1
5. 兵九进一	车1平4	6. 炮五进四	士6进5
7. 炮五平九	马8进7	8. 马二进一	车9平8
9. 车一平二	炮8进4	10. 兵三进一	车4进5
11. 仕六进五	车4平5	12. 相七进五	卒3进1
13. 兵七进一	马7进5	14. 兵七平八	炮3进5
15. 马一退三？	炮3平1	16. 炮九退四	马1进2

大体均势。

试一试

第1题　下图轮到红方行棋，红方最佳应法是什么？

红方先行

1. 炮八进六　……

进炮限制黑方跳拐角马的同时，伏有炮八平九再炮九进一的手段。

1. ……　　　　炮8平6

准备马8进7跳正马。

2. 炮五进四　……

谋取中卒的同时又可相三进五调整阵形，一着两用，好棋。

2. ……　　　　马8进7

3. 车二进六　……

右车过河，威胁黑方7路马。

3. ……　　　　车9平8

只能兑车，如车4平7保卒，红马可以马九进七，边马投入战斗，黑方不利。

4. 车二进三　马7退8　　　5. 炮五平九

红方先手。

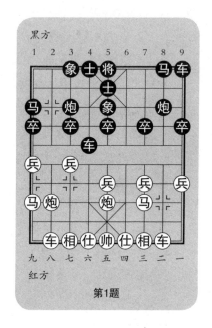

第1题

第2题　下图局面中轮到黑方行棋，黑方最佳应法是什么？

黑方先行

1. ……　　　　卒1进1

挺卒制马，待机而动。

2. 仕六进五　车4进3

3. 炮八进五　……

进炮封压，以后有车八进六的机会，是拓展空间的下法。

3. ……　　　　马8进9

4. 炮五进四　卒9进1

顺势挺边卒，伏有马9进8的先手。

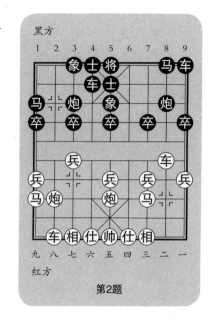

第2题

5. 车二进二　　车9平6　　6. 相三进五　　车6进6

双方对峙。

第2节　对兵型

第1局　红兵底炮式

记一记

定式基础：

1. 兵七进一　　卒7进1

2. 炮二平三　　炮8平5

3. 马八进七　　马8进7

4. 相七进五　　马2进1

5. 车一进一　　炮2平3

讲一讲

1. 兵七进一　　卒7进1

2. 炮二平三　　……

双方都先挺对称兵（卒）的阵势内涵深广，它可以变换成名种不同的布局，故也较难掌握其规律。以兵底炮来对付对兵局，多年来颇为流行。

2. ……　　　　炮8平5

平左炮进行牵制，可使左马顺利跳出，以此减弱红兵底炮的威力，这是后手方较为积极的下法。

3. 马八进七　　……

跳马护兵，以柔克刚。

3. ……　　　　马8进7　　4. 相七进五　　……

另有相三进五的变着，但因不够协调，只是昙花一现而未能流行。

4. ……　　　　马2进1

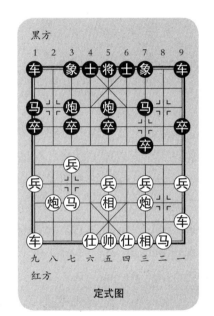

定式图

马屯边求两翼子力平衡发展，是一种稳健的着法。

5. 车一进一 ……

迅速出动右翼子力。

5. …… 炮2平3（图14-2-1）

平卒底炮开动右翼子力，如走炮2平4，以下红车九平八，黑车1平2，车一平六，士6进5，仕六进五，车2进4，炮八平九，车2平5，马二进一，卒1进1，兵一进一，双方均势。

6. 车一平六 车1平2

7. 车九平八 士6进5

黑补士稳正，静观其变。

8. 仕六进五 ……（图14-2-2）

红也补仕稳固中路防线。如走炮八进四封住黑右车，表面上看黑右翼呆滞，但红一时也无有效攻击手段。黑可接走象7进9（补士的后续，很好地解决了左车的出路问题），马二进一，车9平6，仕六进五（防止车6进7的骚扰），车6进4，兵一进一，卒1进1，红封锁被打破，黑取得满意局面。

8. …… 象7进9

避开红方车六进四骚扰手段的同时，准备出肋车，掩护7路马的攻击。

9. 马二进一 车9平6

10. 兵一进一 卒1进1

11. 炮八进四 车6进5

12. 车六进四 ……

双方互占骑河车，遏制双方子力的展开。

12. …… 车6退1　　13. 车六进一　车6进1

14. 炮三平四　车6平9

双方大体均势。

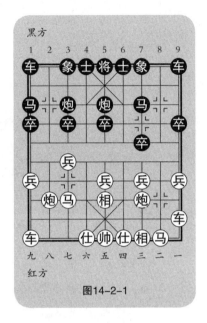

图14-2-1

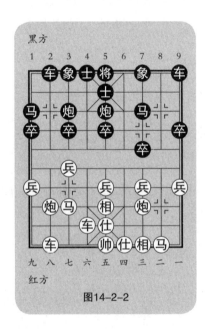

图14-2-2

练一练

根据参考图提示，写出布局演变的过程及主要变着。

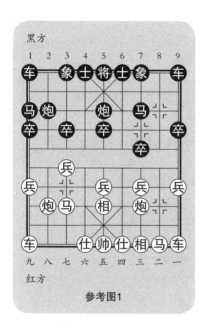

参考图1

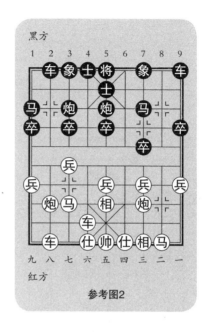

参考图2

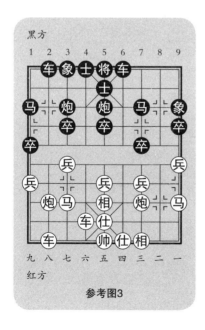

参考图3

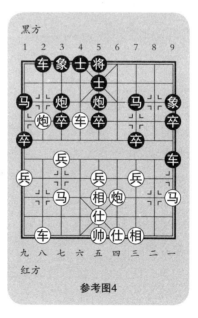

参考图4

想一想

根据基本图和对比图两图之中子力位置的不同之处，分析并写出产生棋形差异的原因。（布局提示：双方以对兵局，红兵底炮变例布局，第 10 回合的结果图）

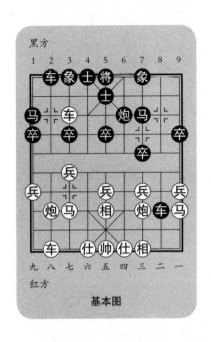

基本图

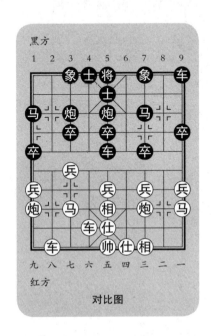

对比图

基本图的布局演变过程：

1. 兵七进一	卒 7 进 1	2. 炮二平三	炮 8 平 5
3. 马八进七	马 8 进 7	4. 相七进五	马 2 进 1
5. 车一进一	炮 2 平 3	6. 车九平八	车 1 平 2
7. 车一平六	车 9 平 8	8. 马二进一	车 8 进 7
9. 车六进六	士 6 进 5	10. 车六平七	炮 5 平 6

产生差异的原因：

对比图第 7 回合时，黑方没有走车 9 平 8，而是选择车 2 进 4，经过以下几个回合演变形成对比图的结果。

7. ……	车 2 进 4	8. 仕六进五	士 6 进 5
9. 炮八平九	车 2 平 5	10. 马二进一	卒 1 进 1

打打谱

请同学们把下面两则实战对局的棋谱用棋盘摆出来，在打谱的过程中找一找与定式里讲的棋谱有哪些不同，不同之处在棋谱上标记出来。（注："！"表示好棋，"？"表示疑问手）

第1局　黑龙江 赵国荣　胜　山东 谢岿

2010年全国象棋个人赛

1. 兵七进一	卒7进1	2. 炮二平三	炮8平5
3. 马八进七	马8进7	4. 相七进五	马2进1
5. 车一进一	炮2平3	6. 车一平六	车1平2
7. 车九平八	士6进5	8. 仕六进五	象7进9
9. 马二进一	车9平6	10. 兵一进一	卒1进1
11. 炮八进四	车6进5	12. 车六进四	车6退1
13. 车六进一	车6进1	14. 炮三平四	车6平9
15. 车六退一	车9平6	16. 车六平九!	卒9进1

大体均势。

第2局　北京 张强　胜　云南 党国蕾

2010年"伊泰杯"全国象棋精英赛

1. 兵七进一	卒7进1	2. 炮二平三	炮8平5
3. 马八进七	马8进7	4. 相七进五	马2进1
5. 车一进一	炮2平3	6. 车一平六	车1平2
7. 车九平八	士6进5	8. 仕六进五	象7进9
9. 兵一进一	车9平6	10. 马二进一	卒1进1
11. 炮八进四	车6进4	12. 车六进五	车6平2？
13. 车八进五	马1进2	14. 车六平七	炮3平1

红方大优。

试一试

第1题　下图轮到红方行棋，红方最佳应法是什么？

红方先行

1. 仕六进五　……

红方如改走车六进六，则炮3退1，红方在先手捉一着之后也没有明显手段。

1. ……   士 6 进 5

2. 炮八平九   车 2 平 5

保持变化的选择。如欲稳健，则车 2 进 5，接受兑车，以后通过炮 5 平 4 再象 7 进 5 进行调形。

3. 马二进一   卒 1 进 1

4. 车八进六   ……

左车过河抢占要着，保留以后车八平九再车九退一的机会。

4. ……   车 9 平 8

5. 兵一进一   炮 5 平 4

6. 车六进三   ……

力求整体推进的下法。

6. ……   象 7 进 5

7. 马一进二

红方稍好。

第 2 题   下图局面中轮到黑方行棋，黑方最佳应法是什么？

黑方先行

1. ……   车 9 平 8

2. 马二进一   车 8 进 7

3. 炮三退一   车 2 进 6

黑方通过连续运车，积极与红方展开对攻。

4. 车六平三   车 2 平 3

5. 车八平七   象 7 进 9

6. 车三进一   车 8 退 3

双方大体均势。

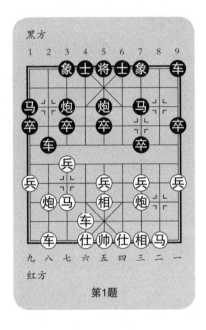

第1题

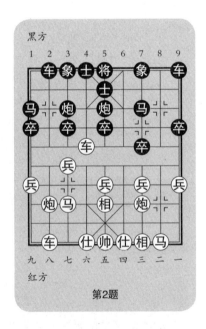

第2题

第2局 红左正马式

记一记

定式基础：

1. 兵七进一　卒7进1

2. 马八进七　马8进7

3. 相三进五　象3进5

4. 马二进四　马2进4

5. 车一平三　车1平3

6. 兵三进一　卒7进1

讲一讲

1. 兵七进一　卒7进1

2. 马八进七　……

红方左马正起顺势出子，属常见下法。

2. ……　　　马8进7

双方均跳正马，相互试探，稳步推进。

3. 相三进五　象3进5

4. 马二进四　马2进4

5. 车一平三　车1平3

双方形成一个相互对称的图形。

6. 兵三进一　……

红进三兵，主动打破僵局。

6. ……　　　卒7进1

7. 车三进四　卒3进1

8. 马七进八　……

打破僵局的好棋。如兵七进一，车3进4，车九进一，红方虽然双车灵活，但是可以选择攻击点不多，局面平淡。

8. ……　　　炮2进5　　9. 炮二平八　马7进6（图14-2-3）

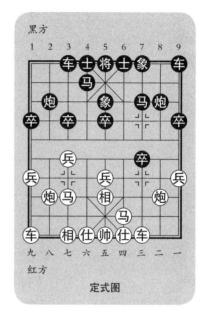

定式图

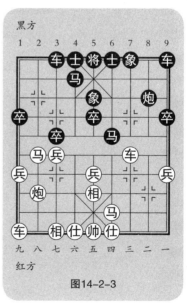

图14-2-3

227

如改走马7进8，则兵七进一，车3进4，车九进一，车9进1，车九平六，马4进6，车三平六，双方易形成各攻一翼的局面，红方优势更大一些。

10. 兵七进一　……

不能急于马四进六，否则黑方有炮8进7的机会，红方受攻。

10. ……　　　车3进4

11. 车九进一　车9进1

12. 车九平六　马4进2

13. 炮八进五　……

解除黑炮对红方底线的威胁。

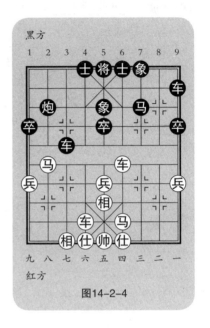

图14-2-4

13. ……　　　炮8平2

14. 车三平四　马6退7（图14-2-4）

稳健，如改走炮2平3，则车六进六，炮3退2，马八进九，车3平5，兵五进一，车5平1，兵九进一，车1退1，车四进一，红方略优。

15. 车六进五　车9平8

16. 马四进六　士6进5

双方大体均势。

练一练

　　根据参考图提示，写出布局演变的过程及主要变着。

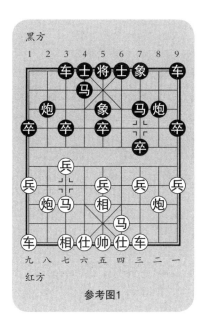

参考图1

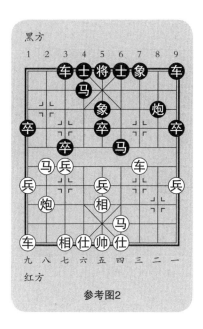

参考图2

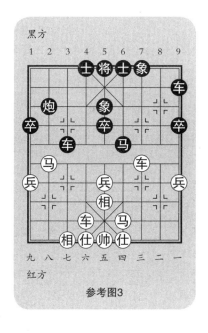

参考图3

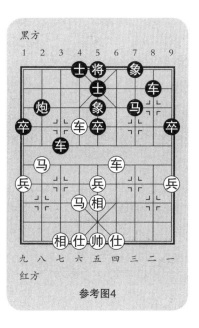

参考图4

想一想

　　根据基本图和对比图两图之中子力位置的不同之处，分析并写出产生棋形差异的原因。（布局提示：双方以对兵局，红左正马变例布局，第 10 回合的结果图）

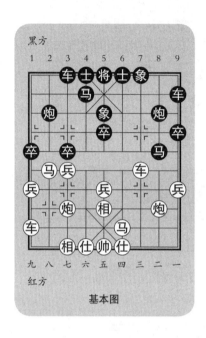

基本图

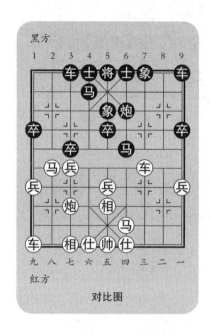

对比图

　　基本图的布局演变过程：

1. 兵七进一	卒 7 进 1	2. 马八进七	马 8 进 7
3. 相三进五	象 3 进 5	4. 马二进四	马 2 进 4
5. 车一平三	车 1 平 3	6. 兵三进一	卒 7 进 1
7. 车三进四	卒 3 进 1	8. 马七进八	马 7 进 8
9. 炮八平七	车 9 进 1	10. 车九进一	卒 1 进 1

产生差异的原因：

　　对比图第 8 回合时，黑方没有走马 7 进 8，而是选择炮 2 进 5，经过以下几个回合演变形成对比图结果。

8. ……	炮 2 进 5	9. 炮二平八	马 7 进 6
10. 炮八平七	炮 8 平 6		

打打谱

请同学们把下面两则实战对局的棋谱用棋盘摆出来，在打谱的过程中找一找与定式里讲的棋谱有哪些不同，不同之处在棋谱上标记出来。（注："！"表示好棋，"？"表示疑问手）

第1局　上海 谢靖　和　上海 孙勇征

2015年第7届"句容茅山杯"全国象棋冠军邀请赛

1. 相三进五	卒7进1	2. 马八进七	马8进7
3. 兵七进一	象3进5	4. 马二进四	马2进4
5. 车一平三	车1平3	6. 兵三进一	卒7进1
7. 车三进四	卒3进1	8. 马七进八	马7进6
9. 兵七进一	车3进4	10. 车九进一	车9进1
11. 马八进九	车3平1	12. 车三平九	车1进1
13. 兵九进一	马4进3	14. 车九平七	马3进4！

大体均势。

第2局　厦门 郑一泓　和　山东 谢岿

2015年全国象棋甲级联赛

1. 兵七进一	卒7进1	2. 马八进七	马8进7
3. 相三进五	象3进5	4. 马二进四	马2进4
5. 车一平三	车1平3	6. 兵三进一	卒7进1
7. 车三进四	卒3进1	8. 马七进八	马7进6
9. 炮八平七	炮8平6	10. 车九进一	卒1进1
11. 车九平六	车9进1	12. 车六进四！	炮2进2
13. 兵七进一	车3进4	14. 车六平七	象5进3

大体均势。

试一试

第1题　下图轮到红方行棋，红方最佳应法是什么？

红方先行

1. 车六进四　炮6进6

2. 车六平四　炮6平1

3. 马九退八　炮2进5

如改走车9平8，则车四平六，炮2进5，
炮二平八，马4进6，车六平四，士4进5，
马八进六，红方易走。

4. 炮二平八　　炮1进1

5. 马八进六　　车3平4

6. 仕四进五　　车9平8

7. 炮八进二

红方先手。

第2题　下图局面中轮到黑方行棋，黑方
最佳应法是什么？

黑方先行

1. ……　　　　马7进6

2. 马七进八　　炮8平6

平炮攻马，互相形成牵制。

3. 车九平六　　……

正确，如炮八进五，则马4进2，马八进九，
车3平1，车三进二，马6进4，黑方先手。

3. ……　　　　车9进1

继续保持相持的形势。

4. 马八进九　　……

弃相主动出击。如车六进四兑车，则车3
平4，马八进六，马4进3，黑方子力位置通畅，
红方无趣。

4. ……　　　　车3平1

保留变化的选择，如车3进5，则车六进
七，车9平4，相五退七，炮6进6，车三平四，
马6退7，车四退三，车4进6，炮二进五，
车4平2，双方子力都较为分散。

5. 车三平九　　车1进1　　　6. 兵九进一　　马4进3

7. 车六进四　　卒5进1

双方大体均势。

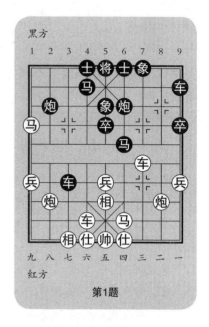

第1题

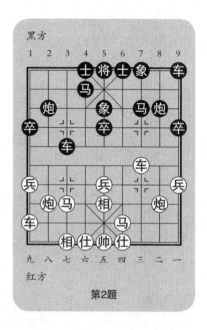

第2题